hänssler

CHRISTEL UND ULRICH EGGERS (HRSG.)

# Warum wir uns noch immer lieben

Liebe, die hält

Hänssler-Hardcover
Bestell-Nr. 394.512
ISBN (10) 3-7751-4512-5
ISBN (13) 978-3-7751-4512-1


Internet: www.haenssler.de
E-Mail: info@haenssler.de
Umschlaggestaltung: oha Werbeagentur, Oliver Häberlin, CH-9470 Buchs, www.oha-werbeagentur.ch
Titelbild: iStockpro, Calgary / Kanada (Hauptbild der Bildmontage)
Satz: Vaihinger Satz & Druck, Vaihingen/Enz
Druck und Bindung: Ebner & Spiegel, Ulm
Printed in Germany

Die Bibelstellen im Beitrag »Trainingslager für die Olympiade« sind nach »Hoffnung für alle« zitiert.
Die Bibelstelle in »Noch einmal heiraten?!« ist nach Luther 1984 zitiert.
Die Bibelstellen in »Treue zwischen Wunsch und Wirklichkeit« und »Da ist viel von Gott drin« sind nach »Neues Leben. Die Bibel« zitiert.

ecpa International Member of the Evangelical Christian Publishers Association

# Inhalt

# Vorwort

## Ehe-Himmel, Ehe-Hölle

Warum wir uns noch immer lieben? Was für eine Frage! Wie soll man die beantworten? Das ist doch einfach Gnade oder Glück, oder? Naja, vielleicht auch Schicksal. Oder sogar Zufall? Wir lieben uns eben. Das ist halt so! Gefühle kommen und gehen. Und wenn sie da sind, dann können wir doch nur dankbar sein, oder?

Wir merken schnell: Wer die Frage nach den Gründen für Liebe nur auf der Gefühlsebene beantworten will, der greift zu kurz. Warum wir uns noch immer lieben? Weil Liebe viel mehr ist als ein Gefühl! Weil wir nicht abhängig davon sind, ob wir gerade etwas empfinden oder nicht. Weil man viel dafür tun kann, dass man sich liebt! Weil Liebe eben auch aus Arbeit, Sorgfalt, Gespräch, Kampf, Weinen, Ringen, Ärger, Wut, Enttäuschung, Geduld, Hoffnung, Veränderung, aus Tun und Lassen wächst. Liebe ist eine Tat.

Sicher: Am Anfang, da war das klopfende Herz, das heiße Gefühl, die romantische Stimmung. Aber dann irgendwann folgte auf das emotionale Ja zueinander auch das des Verstands: Ja, ich will dir treu sein! Wir beide bleiben zusammen – bis dass der Tod uns scheidet. Der Entschluss zur Treue aber ist ein Entschluss zur Arbeit. Und aus investierter Arbeit wächst sehr verlässlich eine Frucht: Liebe. Ja, Liebe ist ein Gefühl. Aber Liebe ist auch eine Frucht. Liebe wird gesät, gewässert, ernährt, bearbeitet – und kann am Ende als Glück und Freude dankbar geerntet werden.

Wer lieben will, ist seinen Gefühlen nicht ausgeliefert. Treu sein wollen, heißt eben nicht, nur dann in eine Beziehung zu investieren,

wenn das große Gefühl noch da ist. Sondern gerade dann zu arbeiten, wenn wir müde, flache und arme Zeiten haben.

Und weil Liebe so sehr ein Tätigkeitswort ist, deswegen kann man auch nach den Gründen für Liebe forschen. Deswegen erleben wir das Vorhandensein von Gefühl eben nicht als Schicksal. Wenn wir investieren, dann wächst daraus Liebe. Unsere Gefühle folgen unseren Taten. Wenn man nur treu genug ist, den Kampf zu wagen. Auch dann in einen frustigen Tag Hoffnung zu säen, wenn wir uns gerade so richtig angemacht haben. Auch dann noch mal Hoffnung zu wagen, wenn wir schon wieder an derselben Stelle reingefallen sind. Auch dann noch mal bei Gott um Hilfe zu schreien, wenn unsere Gefühle wie vereist scheinen. Kalt, tot. Gott kennt sich aus mit der Auferstehung von Toten.

Treu genug, sich dem anderen zuzumuten. Die Wahrheit nicht hinter dem Berg zu halten. Über Gefühle zu reden. Enttäuschung und Ärger nicht runterzuschlucken. Nach dem 157. Versuch nicht aufzugeben. Durchzuhalten. Geduldig zu bleiben. Und dann irgendwann zu sehen, wie die gesäte Saat aufgeht. Neue Liebe wächst. Aus dem Alltag und der Routine entspringt wieder ein Gefühl. Weil wir Regen und Sonne und Zeit und Geduld investiert haben – und dann wieder merken, wie tief das geht, was wir beide haben. Wie viel Gutes zwei Menschen einander tun können. Was tiefes Vertrauen, tiefes Loslassen, tiefes Ich-selbst-sein-Können vor dem anderen an Freiheit und Glück möglich machen. Fantastisch!

All die Paare, die in diesem Buch sehr persönlich berichten, lieben sich noch immer. Lieben sich immer mehr. Wenn auch nicht immer und jederzeit. Weil Beziehung halt immer auch ein Kampf zweier Einzelmenschen ist. Weil Alltag und Beruf so viel Stress und Sorgen mit sich bringen. Weil die Erziehung von Kindern Romantik und Zweisamkeit an den Rand drängen kann. Ehe leben ist nicht einfach. Aber die Ehe ist der beste Lebensraum für zwei Menschen, den es nur geben kann. Optimal angepasst an all die heftigen Herausforderungen des ganz normalen Lebens in unserer Zeit. Es ist nicht gut, dass der

Mensch allein sei, heißt es in der Bibel. Das gilt übrigens auch für Singles: Ohne enge Freunde und tiefe Gemeinschaft fehlt uns viel.

Ehe ist eine geniale Idee unseres Schöpfers. Weil er uns kennt wie niemand anders, weiß er, was Menschen brauchen: Sicherheit und einen vertrauten Raum. Die Geborgenheit der Langstrecke. Zeit genug, um Arbeit an einer Beziehung aussichtsreich zu machen. Raum für ein langfristiges Investment. Zeit genug, damit aus Versuch und Irrtum wirklich Neues wachsen kann. Weil schon morgen endlich der Knoten platzen kann ... Eine alte Wunde endlich heilt. Ein verborgener Schmerz zum Vorschein kommt. Eine alte Verbiegung erkannt wird. Weil endlich heilen kann, was Unheil säte. Weil nur so aus Kummer und Tränen und Streit und Fremdheit wieder tiefes, geheiltes Vertrauen wächst. Weil so Menschsein in seiner ganzen Tiefe erlebt werden kann: Ohne Wagnis gibt es kein Glück.

Ehe, das ist der sichere Raum zum Experimentieren: Aus aufgeregtem, unsicherem Sex kann tiefe, reife Erotik wachsen. Aus vorsichtigem Vermeiden wunder Stellen ein belastbares Wissen um Grenzen und Gaben, Schwächen und Stärken. Ehe – das ist etwas »Festes in Bewegung«. Es wird immer anders. Es wird immer schöner. Es war immer schön.

Oder zumindest fast immer. Denn richtig: Es war nicht immer einfach ... *Ehe auf der Langstrecke* – das kann auch ein Alptraum sein. Immer wieder enttäuschte Hoffnung. Alte Konflikte, über die man nicht mehr redet. Aufgegebene Versuche, gepflegte Wunden, auf dem Präsentierteller servierte Narben, böse Worte, spitze Zungen, nervende Unarten, verlassene Baustellen, müder Sex, reservierte Hingabe, aggressive Verweigerung.

Wie nichts anderes sonst ist Ehe der Ort, wo Himmel und Hölle stattfinden können. Der Unterschied zwischen beiden? Im Ehe-Himmel wird schöpferisch gearbeitet. Weil Liebe gelebt und getan wird. In der Ehe-Hölle herrscht Gleichgültigkeit. Kälte. Oder Aggression. Vergeltung. Erbsen-Zählerei.

Manchmal liegt beides einander ganz nah, direkt um die Ecke: Das wunderbare Zusammensein nach einem Auswärtstermin. Einander

wieder haben dürfen. Einfach wieder miteinander sein. Den Abend genießen. Die laue Luft des Sommers, den Spaziergang am Meer, das vertraute Gespräch, die entspannte Nähe. Die Tasse Tee zusammen. Der Bummel über den Markt. Was für ein Reichtum!

Zugleich zu wissen: das ist keine Automatik. Da gibt es auch mal Wüstenzeiten, Tunnelblick. Zu viel Arbeit. Zu viel Druck. Zu viel Routine. Und dann eine schlechte Nacht, ein falsches Wort. Ein Staudamm, der bricht. Noch mehr Worte, noch mehr Frust, noch mehr Vorwürfe.

Was ist das Geheimnis bleibender Treue? Warum lieben sich die in diesem Buch versammelten Paare immer noch? Die Antwort ist gegeben: Weil sie sich entschieden haben, für eine gute Beziehung zu kämpfen. Und weil man enorm viel lernen kann unterwegs.

Danke an alle Paare, die so ehrlich und hilfreich teilen, was ihre Ehe lebendig hält. Die Antworten sind so bunt und unterschiedlich wie die vertretenen Menschen und Ehen. Gerade das aber macht es so spannend: zu vergleichen, Gemeinsamkeiten zu finden und Anregungen für die eigene Beziehung. Eine gute Hilfe für Frisch-Verliebte und Alt-Ehen (was durchaus das Gleiche sein kann ...). Ein interessanter Blick durchs Schlüsselloch zum Trost und Mitfreuen. Ein Buch zum gemeinsamen Lesen und Diskutieren: auch das ist Arbeiten an der Beziehung ...

*Christel und Ulrich Eggers*

# Trainingslager für die Olympiade

Hanna und Arno **Backhaus**

»Was hat uns eigentlich die ganzen Jahre zusammengehalten, Arno?«, frage ich den Mann, den ich in diesem Jahr genau vierzig Jahre kenne. Prompt antwortet er: »Die Liebe.« Das hätte ich auch sagen können und so ungenau wollte ich es gar nicht wissen.

**Arno:** *Warum fragt sie dann? Egal, was ich auch gesagt hätte, mit einem Wort oder auch nur einem Satz hätte man das gar nicht ausdrücken oder beschreiben können.*

Es war die Liebe und diese Liebe hat unendlich viele Gesichter.

Wir haben am 26. August 1972 geheiratet, an dem Tag, als die Olympischen Sommerspiele in München eröffnet wurden. Olympiade, ein Bild für unsere Ehe – viele verschiedene Disziplinen, Fairness und sportlicher Ergeiz, immer das Ziel zu gewinnen im Auge.

**Arno:** *Olympiade ist ein toller Vergleich, der in vielen Bereichen wirklich auf unsere Ehe übertragbar ist. Wir haben uns für eine »Sportart« (für einen Partner) entschieden, sind in ein etwa dreißigjähriges Trainingslager gefahren, haben nicht nur »Pokale« eingeheimst, sondern auch etliche Niederlagen. Wir haben geschwitzt und immer wieder an unserer Form gefeilt. Unsere Trainingsmannschaft (Hauskreis, Gemeinde und gute Freunde) hat uns immer wieder herausgefordert, korrigiert und ermutigt und unser Coach (Jesus) hat das Potenzial in uns gesehen und uns bis zum heutigen Tag gefördert.*

Am Start unseres gemeinsamen Laufs stand der Trautext aus 1. Johannes Kapitel 3, die Verse 18 und 19: »Deshalb, meine Kinder, lasst uns einander lieben: nicht mit leeren Worten, sondern mit tatkräftiger Liebe und in aller Aufrichtigkeit. Daran zeigt sich, dass Jesus Christus unser Leben bestimmt. So können wir mit gutem Gewissen vor Gott treten.«

Uns beide hatte dieser Text angesprochen, weil wir ein tiefes Bedürfnis nach Echtheit hatten. Wir hatten für uns die Maxime: Es gibt nichts Gutes, außer man tut es. Mit dieser inneren Einstellung sind wir gestartet und haben uns gegenseitig fast nichts erspart. Das ging schon los mit den völlig unterschiedlichen unausgesprochenen Erwartungen, die jeder von uns an die Ehe hatte.

**Arno:** *Ich hatte eine relativ strenge Erziehung genossen, in der meine Eltern ohne zu wissen, dass ich ein AD(H)S-Kind war, versuchten zu retten, was zu retten war. Schläge und Non-Stopp-Stress mit meinen Eltern, mit Nachbarschaft, Verwandtschaft, Schule und Gemeinde, das machte meine Kinder- und Teenyzeit aus. Als ich mit 16 Jahren Christ wurde, hat sich einiges (nicht alles) leicht und langsam verändert. Aber selbst mit 18 Jahren hatte ich noch um 22.00 Uhr zu Hause zu sein, musste ständig Erklärungen abgeben, wo ich war, warum ich erst jetzt komme, woher ich das Geld habe, was mir einfällt, das eine so oder so gemacht zu haben usw. – Vorwürfe und Angriffe von morgens bis abends. Als wir geheiratet haben, war Hanna 20 und ich 21 Jahre alt. Die Hochzeit war, nach der Bekehrung, mein größtes Erlebnis und schönstes Gefühl. Endlich kann ich machen was ICH will, muss mich keinem mehr erklären!!*

Im Gegensatz zu Arno, der faktisch als Einzelkind aufgewachsen ist (er hat eine 9 Jahre ältere Schwester), war ich das dritte Kind aus einer Großfamilie mit acht Kindern. Ich war nicht besonders verwöhnt durch Einzelzuwendung und dachte in der ersten Zeit unserer Ehe: »Endlich einen ganz allein für mich!« Zwei Welten prallten aufeinander. Ich wollte endlich eine konstante Bindung, eine Verbindlichkeit.

**Arno:** *Und ich wollte endlich aus der Bindung und Enge, die ich zu Hause erlebt und erlitten habe, heraus und frei sein.*

Ich wollte nach der Unruhe aus einem Zehn-Personen-Haushalt endlich in der Ehe Ruhe, Stille und Muße finden ...

**Arno:** *... und ich wollte als hyperaktiver ADSler Aktion und »die Welt verändern« (interessant ist, dass wir heute nach 34 Jahren die Schnittmenge immer mehr erreichen, d.h. Hanna ist aktiver und ich bin ruhiger geworden ...). Aber das war der Start unserer Ehe.*

*Dazu kam noch eine Anfrage von Andreas Malessa, einen Monat nach unserer Hochzeit im September 1972, ob ich mir vorstellen könnte, mit ihm in der Band zu singen, mit der Andreas bis dahin unterwegs war und deren Sängerin ich ersetzen sollte.*

Ich begann vier Tage nach der Hochzeit mein Annerkennungsjahr als Sozialpädagogin und war beruflich gebunden ...

**Arno:** *... ich war durch Zivildienst und Studium weniger eingebunden in einen festen Tagesablauf und sehr bald fast jedes Wochenende mit der Band der »Initiative Junger Christen« unterwegs (aus der später »Arno & Andreas« wurde).*

Zwei Menschen, zwei Welten, die kompatibel werden müssen, um miteinander auf dem Weg bleiben zu können. Ich war so oft als irgend möglich mit der Band unterwegs, zumal ich auch als Mixer(in) in den ersten Jahren das Mischpult bediente. Oft waren wir aber auch getrennt durch meine Arbeitsstelle als Sozialpädagogin in einem Hort der Stadt Kassel.

Erschwerend kam hinzu, dass ich unreif und von meiner Familie her geprägt, den Begriff Treue sehr locker handhabte. Ich erinnere mich noch an mein Grundgefühl von damals: Ich kann jedem Mann den Kopf verdrehen, wenn ich nur ordentlich meine Augen verdrehe. Eine außerordentlich kontraproduktive Einstellung für eine frische Ehe und auch eine Wanderung auf schmalem Grat.

Letztlich hat Gott mich aus Gnade bewahrt vor dem absoluten Bruch der Ehe, und auch Arnos Warnung, nicht zu weit zu gehen, ließ mich vorsichtiger sein und nicht ausschließlich nach meinen Gefühlen handeln.

**Arno:** *Ich habe zu Hause einen sehr treuen Vater erlebt (aber mit starken Tendenzen zum Pantoffelhelden), Frauengeschichten gab es bei uns zu Hause nicht.*

Nach etwa zehn Jahren Ehe war in mir die tiefe Einsicht gereift: Wenn ich doch so eine tolle, begehrenswerte Frau sein will, aber nicht fähig bin, dies in der Partnerschaft zu leben, werde ich nie zu dem finden, wonach ich mich wirklich sehne: nämlich zu einer tiefen Geborgenheit in der Ehe und genauso auch nach authentischem Leben und Glauben.

Wir hatten unser erstes Kind und mir war bewusst: ich muss nun eine Entscheidung für mich treffen, sonst wird unsere Beziehung nicht wachsen.

Ich habe mich zu dem Zeitpunkt noch einmal ganz neu für Arno entschieden und mit Angst und Schmerz im Bauch beschlossen, alle meine außerehelichen Flirt- und Anderen-Männern-Gefall-Versuche zu unterlassen. Das hat eine Weile gebraucht, aber hat uns als Paar dazu gedient, uns bewusst liebevoll wahrzunehmen, unsere gegenseitigen Bedürfnisse voreinander auszusprechen und auch stärker auf diese Bedürfnisse einzugehen.

**Arno:** *Flirten und mit anderen Frauen rumschäkern kam für mich nie in Frage. Im Gegenteil, ich hatte sogar als Jugendlicher mal überlegt evtl. auch ehelos zu bleiben. Freundschaft mit Mädchen, das war mir anfangs viel zu gefühlvoll. Trotzdem fiel mir »plötzlich« nach zwei Jahren Ehe auf, dass es ja auch noch andere Frauen gab. In Gedanken fragte ich mich, was mich eigentlich an dieser oder jener Frau faszinierte (das waren damals meistens äußerliche Dinge wie z. B. Augen, Haare, Beine etc.). Ich spielte dann gedanklich durch, was eigentlich gewesen wäre, wenn ich diese andere Frau geheiratet hätte. Ob ich dann glücklicher gewesen wäre (obwohl ich mich nicht sonderlich unglücklich fühlte)? In meinen Gedankenspielen kam ich zu dem Ergebnis, dass ich garantiert irgendwann wieder eine andere Frau finden würde, die wieder schöner gewesen wäre als diese. Mir war klar, dass dies kein gutes Ende nehmen würde. Der Schönheitsstress würde zum Vergleichsstress und der zum Scheidungsstress, und das war mir dann doch etwas zu heftig. So blieb ich bei dem bzw. bei der, für die ich mich ja eigentlich schon entschieden hatte. Hanna findet diese Art des Denkens sehr fremd (bis heute). Kann ja sein, dass diese Art auch etwas (oder viel) ADS-typisch ist …*

*Was mich an Hanna von Anfang unserer Ehe an faszinierte, dass man sich so gut mir ihr unterhalten konnte. Sie war nicht egozentrisch, zeigte wirkliches Interesse an mir, war aber auch klar und nicht konfliktscheu. Als wir in der Anfangszeit mit der Arno & Andreas-Band eine dreimonatige Tournee mit ca. 85 Konzerten durchführten (mit fünf freien Tagen), stieg mir (uns) Hanna auf's Dach. Ich muss mich ent-*

*scheiden, ob ich sie geheiratet hätte oder ob ich lieber die Band heiraten wollte. So musste ich lernen, Prioritäten zu setzen.*

*Treue war für mich nie ein Problem (eine der positiven Seiten von ADS-Menschen). Das anfangs etwas verkopfte Treusein wich im Laufe der Zeit zu einer ganzheitlichen Treue (»in guten und in schlechten Tagen, in guter und in schlechter Laune, in äußerlicher Schönheit und im äußerlichem »Verfall«, in guter gesundheitlicher Verfassung und in schlechter usw.).*

Wie schon gesagt: Im Nachhinein empfinde ich eine große Dankbarkeit Gott gegenüber, der uns und unsere Ehe durch diese Achterbahnfahrt des ersten Jahrzehnts erhalten hat. Grund zum Scheiden hätte es ausreichend gegeben.

Ein dicker Stolperstein bis ins dritte Jahrzehnt der Ehe war unser unterschiedliches Bedürfnis nach Nähe. Ich bin ein überwiegend warmherziger Mensch und zudem geprägt von Eltern, die trotz einer nicht ausschließlich guten Ehe immer auch vor uns Kindern Zärtlichkeiten austauschten. In mir war ganz tief dieses Bild verankert, als Paar liebevoll und zärtlich miteinander umzugehen.

**Arno:** *Ich habe das nicht so erlebt und alles, was unter der Gürtellinie war, war nicht existent oder negativ belegt, weil ich auch im Bereich der Sexualität schwarze Pädagogik erlebt hatte. Totale sexuelle Verkrampftheit hat meine Kindheit und Jugendzeit ausgemacht. Mütterliche Gefühle, Trost bei Verletzungen, Warmherzigkeit und Wertschätzung habe ich sehr selten erlebt, dafür aber immer Angriffe, Vorwürfe und Streit. In Erinnerung ist mir meine Mutter, die sich den ganzen Tag aufgeregt und sich mit allen Leuten aus ihrer Umgebung angelegt hat. So habe ich von Kindheit an gelernt, keine warmherzigen Gefühle zu zeigen und hatte lange mit meiner »kühlen« Ausstrahlung, auch körperfeindlichen Ausstrahlung, zu kämpfen.*

Meine Sprache der Liebe war miteinander schlafen ...

**Arno:** *... und meine Sprache: Ich tu alles für dich, aber komm mir nicht zu oft zu nah!*

Er wollte mir seine Liebe zeigen, aber nicht auf diese Art. Mir hätte er eine Gärtnerei schenken können, ohne mit mir schlafen zu wollen, hätte ich ihm keine Blume wirklich abgekauft.

Es lag also auf der Hand, dass diese unterschiedlichen Bedürfnisse zu Konflikten führten. Ins Leere gelaufene Erwartungen, tiefes Enttäuschtsein voneinander, endlose Streitgespräche, Funkstille auf allen Kommunikationskanälen waren die Folge. Demzufolge auch immer wieder Annäherung, immer wieder Neuanfang, immer wieder neue Hoffnung, unmerkliches Weiterkommen und Reifen in der Persönlichkeit, auch durch Bücher, Gespräche und Lebenserfahrung.

Im Nachhinein sind wir sehr froh, den Bereich der Sexualität nicht aus Frust einfach fallen gelassen oder vernachlässigt zu haben, denn große Übereinstimmung auf diesem Gebiet erleben wir erst in den letzten Jahren.

Nun sind wir beide freiberuflich unterwegs mit Vorträgen, Konzerten und anderen Veranstaltungen, mal allein, immer wieder auch gemeinsam. Wir sind ein so eingespieltes Team und wir ergänzen uns bestens, wir genießen unsere Zweisamkeit und sind glücklich durchgehalten zu haben, weil wir jetzt gute, wohlschmeckende Früchte genießen können.

Nach gemeinsamen Seminaren werde ich oft gefragt: Wie hast du das mit Arno ausgehalten, einem Mann, der dir durch seine Arbeit und auch durch seine Andersartigkeit ein so bewegtes Leben beschert hat? Da kann ich nur sagen: Mein von mir selbst gewähltes Leben hätte völlig anders ausgesehen und am Anfang unserer Ehe habe ich oft an Arno herum gemeckert, dass ich dieses Leben mitmachen muss und er so oft weg ist, wo ich doch mit ihm allein zu Hause sitzen oder im Stadtpark spazieren gehen wollte.

Auch die dreiundzwanzig Jahre mit unseren drei Kindern, von denen eines auch AD(H)S hat, brachten mich oft an meine Grenzen und ich hatte immer wieder auch den Eindruck nicht mehr durchhalten zu können.

Im Rückblick auf diese schönen harten Jahre kann ich sagen: Gottes unendliche Barmherzigkeit hat bewirkt, dass ich oft gebrochen war in meiner Kraft, aber nicht zerbrochen bin an der Last, sondern Gott mein Durchhaltevermögen stabilisiert hat.

Zu unserem dreißigsten Hochzeitstag stand in der Tageslosung der Vers aus dem Hebräerbrief, Kapitel 11,7: »Auch Noah glaubte Gott und befolgte seine Anweisungen. Er baute ein großes Schiff, obwohl von einer Gefahr weit und breit nichts zu sehen war. Deshalb wurde er mit seiner ganzen Familie gerettet. Durch seinen Glauben wurden auch der Unglaube und der Ungehorsam der anderen Menschen offenkundig. Und dieser Glaube war es, durch den Noah Gottes Anerkennung fand.«

Das war der Tag, an dem ich ganz Frieden geschlossen habe mit Arnos Berufung als *Missio-Narr*. Gottes Weisheit war es, die uns nach und nach hineingeführt hat in diese Berufung. Wenn er mich vorher gefragt hätte, hätte ich ihm sicher einen abschlägigen Bescheid gegeben und ich hätte die Chance verpasst, in seiner Obhut zu wachsen und zu reifen und nebenher noch ganz unauffällig in meine eigene Berufung, nach der Kinderzeit, hineinzuwachsen.

Und zu der Frage, wie man mit einem AD(H)S-Menschen leben kann, kann ich nur sagen: absolut spannend und interessant. Ich hasse Langeweile und die kommt bekanntlich in der Gesellschaft eines AD(H)S-Typen nicht auf, denn selbst entspannen ist nicht langweilig. Manchmal geht mir die unterschiedliche Art und Weise, wie wir die Dinge angehen, auf die Nerven. Da hilft Offenheit und ehrliches Umgehen miteinander und auch der weise Satz aus dem Brief an die Gemeinde in Galatien (Galater 6,2): »Kümmert euch um die Schwierigkeiten und Probleme des anderen, und tragt die Last gemeinsam. Auf diese Weise verwirklicht ihr, was Christus von euch erwartet.«

Schwierigkeiten und Probleme, Last mit sich selbst, hat jeder von uns, ob mit oder ohne ADS; wenn wir die Last des Einzelnen in der Ehe gemeinsam tragen, bleibt die Liebe, die Jesus investiert hat, für uns kein leeres Wort, wird zur tatkräftigen Liebe für uns und durch uns, dann auch für andere. Wie schon gesagt: Es gibt nichts Gutes, außer man tut es!

**Arno:** *Ist ja logisch, wer aus so unterschiedlichem Hintergrund kommt, mit so gegensätzlichen Bedürfnissen und Vorstellungen, dass da Streit und Verletzungen fast an der Tagesordnung sind. Aber wir haben von Anfang an den Streit immer angegangen, nie verdrängt (manchmal stand ich anfangs etwas in der Gefahr, Konflikte runterzuspielen). Unsere ersten vier bis sechs Jahre bestanden daraus, unsere unterschiedlichen »Lebensruinen« zu erkennen, ihnen auf den Grund zu gehen, Verhaltensmuster einzureißen und gemeinsam ein Ehefundament auszuheben. Das war ein schmerzlicher, aber lohnenswerter (!!) Prozess, mit vielen Gesprächen. Was haben wir uns verletzt, geheult, vergeben, geredet, gelacht und wieder verletzt, geredet, geheult und vergeben und gelacht und wieder …*

*Und heute? Heute lachen wir immer mehr über unsere Restbestände von Macken und Ecken und Kanten, weil wir gelernt haben, immer mehr mit dem anderen und mit sich selbst gelassen und barmherzig umzugehen. Gelassenheit und Barmherzigkeit sind Grundpfeiler unserer Ehe geworden. Ich brauche meine Frau mit ihrer totalen Andersartigkeit, weil ich nicht ganz bin, brauche ich ihre Ergänzung, ihre Korrektur und Ermutigung. In den Sprüchen 27,17 steht: »Eisen wird mit Eisen geschliffen; und ein Mensch bekommt seinen Schliff im Umgang mit Menschen.« Ein gutes Bild für unsere gemeinsamen 34 Jahre.*

Stimmt, mein Partner ist wie ein Diamant, selbst die geschliffenen muss man mit Fassung tragen.

Backhaus

**Hanna**, 1951, verheiratet, Sozialpädagogin, Buchautorin, Weiterbildung in Seelsorge und Lebensberatung, nach der Zeit als Familienfrau Wiedereinstieg in den Beruf als selbständige Referentin und Seelsorgerin. Unterwegs mit Vorträgen bei Frühstückstreffen für Frauen, Paartreffen und Landfrauenvereinen.
Mitarbeit im SPRING-Vorstand. Hanna Backhaus gehört mit ihrem Mann zum Gründungs- und Leitungs-Team der »Christusgemeinde am Airport« in Calden bei Kassel.

Backhaus

**Arno** aus Calden bei Kassel, live seit 1950 erlebbar, mehr als 34 Jahre mit der gleichen Frau verheiratet, 3 coole erwachsene Kinder, studierter Sozialarbeiter, aktiver Liedermacher, E-fun-gelist, Bestsellerautor mit über 100.000 Exemplaren, verrückter Aktionskünstler, T-Shirt-Drucker, Missio-Narr und sprühender Idee-alist.

# Geheimnisse unserer Beziehung

Elizabeth und Arthur **Domig**

Vor zwei Wochen erhielten wir folgende Zeilen von unserer Tochter, die im zweiten Studienjahr ist und nebenbei ihr Taschengeld verdient: »*... Die Eltern der Kinder, die ich in Englisch unterrichte, lassen sich scheiden. Es tut mir so weh! Sie haben ein tolles Haus und drei wunderbare Kinder. Sie sind erst Ende dreißig und geben alles auf. Es wird mir wieder einmal deutlich, wie wertvoll eine dauerhafte Beziehung ist. THANK YOU, THANK YOU, THANK YOU for sticking it through together.*«

Wir fragten uns, ob sie ahnte, dass es für uns keineswegs immer leicht war, miteinander auf dem Weg zu bleiben, wenngleich Scheidung bisher von keinem von uns als Ausweg in Erwägung gezogen wurde.

## Was sind mögliche »Geheimnisse« unserer Beziehung?

- **Freundschaftsfaktor**

Ein entscheidender Faktor ist, dass wir einander mögen und gute Freunde sind. Das, obwohl unsere Herkunft sehr unterschiedlich ist. Arthur kommt aus einer katholischen Bergbauernfamilie in Österreich und Elizabeth aus einer protestantischen Arzt-Familie in den USA. Gleichzeitig teilen wir viele ähnliche Interessen und Wertvorstellungen. Ein besonderes gemeinsames Fundament bildet der Glaube an Jesus Christus, dem wir beide noch während unserer Studienzeit ganz bewusst unser Leben anvertraut haben.

Außer diesem starken Bindeglied haben wir ein paar andere Freundschafts-Faktoren in unserem Leben entdeckt.

- **Kommunikation**

**Arthur:** Bald nachdem wir entschieden hatten, ein gemeinsames Leben zu führen, erhielt ich von Elizabeth per Post ein »Handbuch für Verlobte«. Es sollte uns durch die wichtigsten Themenbereiche führen, die uns bei dieser einmaligen Entscheidung helfen würden. Darüber war ich begeistert! Ich war zwar immer schon theoretisch überzeugt gewesen, dass man sich für eine Beziehung vorbereiten könnte, aber wie dies genau gehen sollte, darüber hatte ich mir wenig Gedanken gemacht.

Später gab es immer wieder herausfordernde Situationen, in denen ich hoffte, wir würden gemeinsam irgendwie das Beste für unsere Beziehung finden. Aber meistens war es meine Frau, die dann die praktischen Schritte vorschlug, damit unsere Ehe Tiefe und Tragfähigkeit erhielt. Erst im Laufe der Zeit lernte ich, dass Vorschläge und Ideen für die Beziehung im Alltagsleben erprobt werden müssen. So habe ich dann einmal einen Leitfaden über »Gelingende Kommunikation« gelesen und wir haben gemeinsam über mehrere Wochen die vorgeschlagenen Übungen gemacht. Dabei habe ich zum ersten Mal gelernt, dass viele meiner Gefühle einen Namen haben. Es war für mich als Mann spannend, meine innere Welt zu entdecken und die meiner Frau zu offenbaren.

**Elizabeth:** Ja, wir beide hatten am Anfang unserer Ehe Probleme mit der Kommunikation, aber inzwischen haben wir eine angenehme Sprechkultur entwickelt. Wie reden nicht nur gerne über verschiedene Themen und Projekte, sondern auch über unsere tieferen persönliche Wünsche, Ängste, Sorgen und Anliegen. Wir nehmen einander ernst und hören einander (die meiste Zeit) respektvoll zu. Obwohl wir heute Themen wie Erwartungen, Prägungen und Konfliktlösung auf Eheseminaren unterrichten, machen wir es zu Hause nicht immer richtig. Aber inzwischen wissen wir, dass es keine Schande ist, wenn wir für wichtige Lösungen einen zweiten oder dritten Anlauf nehmen müssen.

- **Gemeinsame Erfahrungen**

Neben entdeckenden Gesprächen stehen auf unserer Liste von Erfolgsfaktoren gemeinsame, erfüllende Erlebnisse. Wir sind beide sportliche Typen und verbringen gerne Zeit in der Natur mit Wandern, Nordic Walking, Fahrradfahren, Langlaufen. Dadurch können wir entspannen und finden immer wieder einen neuen Zugang zueinander. Allerdings müssen wir auch hier Acht geben, dass wir dabei nicht nur Problem- oder Krisenthemen besprechen.

Diese sportliche Gemeinsamkeit bedeutete für uns auch eine gewisse Opferbereitschaft. So hat Arthur zum Beispiel seinen »Wettkampfstil« beim Skifahren zugunsten eines gemütlichen Familienskitags geopfert. Und Elizabeth hat sich vom klassischen (laut Arthur langweiligen!) Diagonalschritt beim Langlaufen zur sportlichen Skatingtechnik überreden lassen – und genießt es!

Im Urlaub fahren wir gerne mit unserem Wohnwagen weg. Wenn einmal der passende Campingplatz gefunden (wobei Elizabeth hier um vieles anspruchsvoller ist als Arthur) und alles aufgebaut ist, genießen wir die gemeinsame Zeit. Die vielen schönen Erinnerungen und die positiven gemeinsamen Erlebnisse binden uns zusammen und tragen unsere Beziehung durch die schwierigen Zeiten.

### • Unrealistische Erwartungen

Allerdings hatten wir gerade im Urlaub auch einige unserer schlimmsten Ehekrisen. Lange dachten wir, dass der Teufel persönlich uns jedes Mal unsere Freude stehlen oder trüben will. Bis wir folgende Dynamik entdeckt haben: Wir kamen in der Regel ziemlich ausgelaugt und bedürftig am Urlaubsort an, jeder in der Hoffnung, der andere würde jetzt endlich ganz für ihn da sein. Wenn diese unausgesprochene Erwartung nicht erfüllt wurde, machten sich Enttäuschung und Frustration breit. Auch hier sind wir am Lernen. Wir wissen um unsere Bedürftigkeit und versuchen, uns schon vor Urlaubsantritt unsere Erwartungen zu sagen.

### • Sexualität

Zu »erfüllenden Erlebnissen« gehört bei uns natürlich auch Sex! Auch in diesem Bereich haben wir viel zu lernen gehabt und sind dem Therapeutenpaar Cliff und Joyce Penner[1] für ihre Anleitungen besonders dankbar. Unser Sexleben ist über die Jahre gereift und heute wesentlich erfüllender und befreiender als am Anfang. Dabei ist das gegenseitige Geben und Nehmen von Berührungen und Zärtlichkeiten, die beiden Seiten Freude schenkt, für uns der Schlüssel zum Erfolg. Dieses Füreinander-da-Sein, das gemeinsame Vergnügen und Entspannen gibt uns das geborgene Gefühl des »Eins-Seins«. Die positive Energie, die daraus entsteht, verstärkt nicht nur die körperliche Befriedigung, sondern auch unsere gesamte Beziehung.

Wir beide bekennen uns in diesem Zusammenhang dazu, wie wichtig es für uns ist, dass wir körperlich fit und auch äußerlich für einander attraktiv bleiben. Dabei hilft uns, dass wir beide eigentlich sehr genügsame Esser sind und uns tagelang von Salat ernähren könnten. Abgesehen von unserer gemeinsamen Schokoladesucht! Na ja, wofür kauft man sich sonst eine teure Digital-Waage?

- **»Affären-Schutz«**

Um unsere Ehe vor Affären zu schützen, haben wir uns schon früh Folgendes vorgenommen und einander versprochen: Wann immer sich einer von uns von jemandem des anderen Geschlechts besonders angezogen fühlt, dann wollen wir es einander mitteilen, um solche Situationen gemeinsam zu meistern.

**Elizabeth:** Im Laufe der Jahre kam dann tatsächlich die Gelegenheit, diese Vorsichtsmaßnahme anzuwenden. Einmal war es Arthur, der bemerkte, wie er sich von einer jungen attraktiven Klientin in der Beratung besonders angezogen fühlte. Er bat mich dann, sie bei ihrem nächsten Termin zu begrüßen. Als die hilfsbedürftige hübsche junge Dame erschien, hat Arthur mich ihr kurz vorgestellt und wir haben paar Minuten miteinander geplaudert. Es war genug, um ihr eine starke positive Botschaft zu schicken: Arthur und ich gehören zusammen!

Einige Zeit später beobachtete ich, dass ich mich mit einem gewissen Mann in unserem Bekanntenkreis besonders gut verstehe. Wir kannten uns als Paare und trafen uns immer wieder zu bestimmten Anlässen. Irgendwann stellte ich fest, dass ich mich vor solchen Treffen vorwiegend auf die Begegnung mit ihm gefreut und mich dann besonders attraktiv angezogen habe. Zunächst sagte ich mir: »Es gibt keinen Grund zur Beunruhigung, wir sind nur Freunde!« Aber gleichzeitig wusste ich, dass meine Gefühle für ihn nicht mehr neutral waren. Wie würde es mir gehen, wenn Arthur solche Gedanken und Gefühle für eine andere Frau hätte?

Schließlich habe ich mit Arthur darüber geredet. Es war mir irgendwie peinlich, aber doch sehr befreiend, und nach dem Gespräch haben wir gemeinsam gebetet. Wir haben Gott neu um seine Hilfe gebeten, damit wir einander besser lieben und schützen können. Von diesem Moment an war die Macht der Gefühle für diesen Mann gebrochen, und ich kann ihm und seiner Frau heute neutral begegnen und ihre Beziehung zu uns genießen.

• **Zeit zu zweit**

Bereits in den Ehevorbereitungsgesprächen hatten wir einen weisen Rat erhalten: »Ihr müsst euch Zeit nehmen, um eure Beziehung zu pflegen, auch wenn Kinder da sind!« Wir haben beobachtet, dass die glücklichsten Ehen in unserem Umfeld jene waren, die diesen Rat befolgt und immer wieder »Auszeit« vom Familienalltag genommen haben, um die Paarbeziehung zu vertiefen. So haben auch wir durch die Jahre versucht, diesen Rat umzusetzen. Als die Kinder klein waren, waren wir froh, wenn wir wenigstens alle zwei Wochen einen Ehe-Vormittag oder Ehe-Abend geschafft haben. Später haben wir versucht, einmal im Jahr für ein verlängertes Wochenende wegzukommen. Diese wertvolle »Zeit-zu-zweit« hat durch die Jahre viel dazu beigetragen, unsere Ehe aufrechtzuerhalten. Jetzt wo die Kinder aus dem Haus sind, sind wir froh, dass wir »eingeübt« sind und unsere Zweisamkeit nicht als Bedrohung erleben, sondern als Geschenk.

• **Überstandene Krise**

**Elizabeth:** Am Anfang unserer Ehe war hauptsächlich ich diejenige, die für unsere Paarbeziehung gekämpft hatte. Aber dann kam eine kritische Phase, in der ich weder Lust noch Energie dafür verspürte: Ich ging langsam aber sicher auf die Fünfzig zu. Arthur war sehr mit seiner Beratungstätigkeit und in der Gemeinde beschäftigt. Unsere drei lebhaften Teenager zu Hause haben uns ziemlich gefordert. Meine Hormone spielten verrückt, und ich litt seelisch und körperlich unter den zunehmenden Wechselbeschwerden. Ich war oft erschöpft und traurig gestimmt. Manchmal war ich weinerlich und anhänglich, dann wieder aggressiv und abstoßend.

Kein Wunder, dass Arthur sich schwergetan hat, mich zu verstehen. Er wollte mich so schnell wie möglich »reparieren«. Es war eine absolute Krisenzeit für unsere Ehe, und wir waren emotional sehr weit voneinander weg. Ich selbst war damals so »down« und mit mir selbst beschäftigt, dass ich in der Beziehung mehr und mehr resignierte. Gott sei Dank hat Arthur in dieser kritischen Phase die Initiative ergriffen und etwas unternommen!

**Arthur:** Ich war verzweifelt und habe mich gefragt, was uns denn früher in ähnlichen Situationen geholfen hatte. Da kam ich auf zwei Dinge: Anleitung von außen und Gebet! Ich habe uns das Buch »Partnerschaftsprobleme: Möglichkeiten zur Bewältigung«[2] besorgt. Dann haben wir jeden Mittwochvormittag gemeinsam ein Kapitel aus dem Buch gelesen und besprochen und in der kommenden Woche die Übungen gemacht. Zum Abschluss musste abwechslungsweise jeweils einer von uns beten. Ich hatte mich innerlich auf mehrere Monate harter Ehe- und Gebetsarbeit eingestellt und war überrascht, dass sich schon bereits nach einigen Wochen eine hoffnungsvolle Wende abzeichnete.

**Elizabeth:** Allein Arthurs Entschlossenheit hat mich beeindruckt und mir neue Hoffnung gegeben. Tatsächlich haben diese regelmäßigen Gespräche den Weg vorbereitet, einander wieder näher zu kommen. So haben wir zum Beispiel neu gelernt, uns gegenseitig unsere Bedürfnisse zu sagen und dafür zu sorgen, dass unser Beziehungskonto im Plus bleibt. Rückblickend bin ich sehr dankbar, dass Arthur für mich und unsere Ehe gekämpft hat. Wir sind miteinander in dieser Zeit mit viel Geduld und Behutsamkeit umgegangen, in der Bereitschaft zur Vergebung und dem Mut zum Neuanfang. In dem allen sind wir auch fest davon überzeugt, dass Gott unsere Gebete um Hilfe gehört und uns in unserem Bemühen unterstützt hat.

### • Was uns Hoffnung gibt

Sowohl durch schöne als auch schmerzliche Erfahrungen ist über die Jahre unsere Freundschaft noch tiefer geworden. Auch die gemeinsame Verantwortung für unsere Familie, unseren Beruf und unsere Gemeinde sowie einige gesellschaftliche Verpflichtungen haben uns »zusammengeschweißt«. Allerdings ist es uns wichtig, dass die Pflichten des Lebens nicht die Elemente der Spontaneität und Lockerheit verdrängen. Hier müssen wir uns gegenseitig helfen, da wir uns leicht in der Arbeit verlieren können.

Was hält uns zusammen? Es sind unsere gemeinsame Vergangenheit und unsere Zuversicht für eine gemeinsame Zukunft. Wir sind dankbar für unsere Kinder, die uns auch so manche Fehler verziehen haben und uns immer wieder sagen, dass sie uns gern haben. Natürlich hoffen wir irgendwann auch auf viele Enkel, aber nicht zu früh! Wir haben nämlich noch große Pläne und Visionen, wie wir anderen Menschen helfen können auf ihrem Weg zu einer dauerhaften Beziehungsgestaltung. In alledem halten wir an der befreienden Tatsache fest, dass wir als Menschen Fehler machen dürfen und immer wieder neu beginnen können. Und wir rechnen weiterhin fest mit Gottes Hilfe, dass er uns selbst als Paar und Familie gnädig korrigiert, stärkt und führt.

## Domig

**Elizabeth** stammt aus USA, wo sie Familien- und Kinderpsychologie studiert hat. Nach Arbeit mit Kindern und Jugendlichen war sie später in der Studentenberatung, dann als Beraterin und Lehrerin an einer berufsbildenden Schule tätig. Sie leitet Schulungstage in der Beraterausbildung sowie Gruppen für Menschen mit Missbrauchserfahrungen. Zusammen mit ihrem Mann hält sie Seminare über Partnerschaft, Familie und Erziehung ab. Ihre Artikel zu verschiedenen Persönlichkeits- und Beziehungsthemen sind in den Zeitschriften FAMILY, LYDIA und JOYCE erschienen.

## Domig

**Arthur** hat Studien in Sozial- und Wirtschaftswissenschaften (Wien und Innsbruck), in Theologie (London und Vancouver) sowie in Familientherapie und Erwachsenenbildung (Salzburg und Philadelphia) abgeschlossen. Neben seiner privaten Beratungspraxis für Persönlichkeit und Beziehung mit dem Schwerpunkt Paartherapie ist er seit mehreren Jahren ständiger Lehrtrainer in der Beraterausbildung und betreut verschiedene öffentliche und private Institutionen als Supervisor. Er ist verheiratet mit Elizabeth und Vater von drei erwachsenen Kindern.

# Zehn Zutaten für eine glückliche Ehe

Christel und Ulrich
Eggers

Wir sind begeistert von der Ehe. Überzeugte Fans dieser genialen Idee Gottes. Wir sind glücklich, wenn wir zusammen sind. Traurig beim Abschied nehmen. Dankbar, wenn wir uns wieder sehen. Einfach miteinander leben dürfen: Was für ein Höhepunkt!

»Wir danken euch für eure Treue im Versagen. Das macht uns Mut, weiterzugehen!« So stand es auf einer Karte, die zur Silberhochzeit per Post eintraf. Dieser Satz trifft etwas vom Wesentlichen, warum wir heute noch zusammen sind.

Wer bei der Hochzeit meint, er hätte den Schlüssel zu einem Fertighaus in der Hand, sieht sich schnell enttäuscht. Beziehung leben heißt Wohnen auf einer Baustelle. Wer aufhört, zu arbeiten, zu reparieren oder zu verschönern, wohnt bald in einem hässlichen, verfallenden Haus.

Ehe ist fantastisch. Nicht immer, aber immer schöner und tiefer. Warum das so ist, dafür gibt es Gründe. Die Zutaten unserer persönlichen Ehe-Chemie lauten so:

## • 1. Unbedingt ehrlich sein

Eine der hilfreichsten Leitlinien für unsere Ehe ist der Satz aus der Bibel, dass Wahrheit frei macht. Wir sagen: Es gibt nichts Besseres für eine gelingende Ehe als unbedingte Ehrlichkeit. Immer und ohne Ausnahme. Ehrlichkeit ist die wunderbarste Regel für das Leben zu zweit, weil es das Leben so klar macht: Es gibt nur *eine* Welt, ungeteilt. Keine Maskeraden, keine künstlichen Bilder, kein mühsames Verschweigen, keine Schauspielerei. Wahrheit macht frei von einem unglaublichen Ballast an heimlichen Gefühlen oder verschwiegenem Ärger.

Natürlich gelingt es uns nicht immer gleich, Dinge aus dem Bauch oder Herzen auch in Worte zu fassen. Und manchmal muss man auch den richtigen Zeitpunkt abwarten. Aber das gegenseitige Versprechen ist da. Und die klare Entscheidung, nicht eher aufzugeben, als man es ausgesprochen hat, sich ausgesprochen hat, sich verstanden weiß. Das ist manchmal ein Kampf. Ehe man versteht, was wirklich gemeint war. Warum der andere so redet und empfindet.

Wir haben gemerkt: Wer *wahr* ist, wer sich zumutet, der hat eine unglaublich große Chance auf Freiheit. Freiheit darin, sich selbst und den anderen besser zu verstehen. »Knowing leads to loving« heißt ein schöner Satz: Einander kennen lernen führt dazu, sich lieben zu lernen. Das gilt auch in der Ehe – gerade für all das, was wir lieber verschweigen würden: Unsere Eifersucht, das Neidgefühl, den Ärger. Die Verletzung, die wir empfunden haben. Merkwürdigkeiten und Macken des anderen, sexuelle Empfindungen oder Vorlieben, die uns peinlich sind, alte Familienprägungen und Verletzungen – egal was: Wahrheit macht frei.

Und zugleich sagt die Bibel: »Angst ist nicht in der Liebe.« Auch deswegen wagen wir Ehrlichkeit – auch mit unseren dunklen, unfertigen Seiten. Oft läuft man da auf unsicherem Eis. Aber nichts anderes bringt eine solche Vertrautheit. Denn wenn ich besser verstehe, warum der andere so ist, so denkt, sich so verhält – dann auf einmal merke ich, dass ich ja oft gar nicht anders bin. Dass ich an anderer Stelle genauso bin. Und deswegen gar keinen Grund für Abwehr und Arroganz habe, nah bleiben kann. Wir haben manchmal eine ganz Nacht lang um Wahrheit gerungen und um Verständnis füreinander. Am Ende standen wieder warme Herzen. Und das gute Gefühl, dass die Arbeit sich lohnt. Verschweigen führt zu Krankheit. Ein warmes, zärtliches Gefühl für den anderen ist erst dann wieder möglich, wenn das, was ich so gerne verschweigen würde, vor der Eingangstür meines Herzens weggeräumt ist.

2

## • 2. Konflikte austragen

Klein beigeben um des lieben Friedens willen. Die Klappe halten, »weil Frauen oder Männer eben so anders sind«. Den anderen abwerten, weil er so viel redet oder so wenig, weil er sexuell so oder so tickt, weil er hier oder da eine Charakterschwäche hat – das ist gefährlich. Das führt zum Stau, baut Barrieren – die uns dann oft bei anderen Themen stolpern lassen.

Wir haben schnell gemerkt: Ich muss den Konflikt wagen. Ich muss meine Sicht und mein Sein einbringen, muss »blank ziehen« und einen Konflikt zu Ende austragen. Schon deswegen, weil manchmal erst ganz am Ende meine wirklichen Motive oder Ängste auftauchen – oder ich durch den hartnäckigen Kampf des anderen endlich Zugang zu meinen eigenen tief verborgenen Antrieben und Motiven finde.

Vermiedene Konflikte rächen sich – mit vertieften Konflikten. »Lasst die Sonne nicht untergehen über eurem Zorn«, rät die Bibel. Den kleinen Zorn oder Groll heute zu lösen, ist gefährlich – weil ich mich zumute und möglicherweise auch selbst den Rückzug antreten oder um Vergebung bitten muss. Vermeiden und Schweigen ist anfangs viel einfacher. Aber es führt am Ende zum großen Konflikt, der dann oft so verwickelt und schwierig ist, dass er nicht mehr zu lösen scheint – vor allem, wenn man nicht geübt hat, zu streiten.

Zum Glück können wir es beide nicht lange aushalten, mit bösen Gefühlen gegeneinander herumzulaufen. Auf solch unsicherem Grund fehlt uns die Kraft für alles andere. Darum ist es wohl ein Kennzeichen unserer Ehe, dass wir Konflikte schnell angehen. Streiten, bis man sich wieder ruhig in die Augen blicken kann, bis das Herz wieder warm ist. Natürlich gibt es auch Lebensthemen, bei denen man immer wieder mal stolpert. Da ist über die Jahre ein gegenseitiges Wissen und Barmherzigkeit füreinander gewachsen, ein »Ich kenn' dich ja – ich bleib' dir treu!«. Ein dickes Fundament, auf dem man leben und versagen kann.

### • 3. Die Liebessprache des anderen kennen

Der Autor Gary Chapman hat entdeckt, dass es fünf unterschiedliche Liebessprachen gibt. Und dass in dieser Tatsache ein Problem verborgen ist: Wir senden Liebe meistens so, wie wir sie selbst gerne empfangen. Was aber, wenn unsere Liebessprache unterschiedlich ist?

Dann kann uns nur helfen, die ganz konkrete alltägliche Liebessprache des anderen sprechen zu lernen und ihm damit immer wieder zu sagen: Du, ich bin dir gut! Ich sehe dich! Ich danke dir. Ich schätze dich. Ich liebe dich. Und deswegen tue ich dir dies oder das. Koche dir ... ziehe an ... geh mit dir da hin ... komme mit zu ... schenke dir ... nehme mir Zeit für ... Weil ich will, dass du es merkst: Ich liebe dich! Ich bin Gott dankbar für dich. Ich möchte, dass du dich freust. Dass du dich gesehen und geborgen fühlst in meiner Liebe.

Das ist kein großes Geheimnis, sondern vor allem ein aufmerksamer Blick und der Wille, es wirklich *zu tun* (nicht nur *eigentlich* zu wissen). Geliebt werden in ganz konkreten Taten weckt Liebe und macht das Herz weich und zärtlich.

Wir beide hatten besonderes Glück: Wir sprechen die gleiche Liebessprache – nicht in allem und überall, aber in dem einen wesentlichen Punkt: Wir sind einfach gerne zusammen. Was wir dabei machen, ist gar nicht so wichtig. Hauptsache, wir machen es *zusammen.* Einfach miteinander sein, miteinander erleben. Den anderen dabei haben – für uns gibt es nichts Schöneres!

Also gehen wir gerne einkaufen – weil es Zeit zusammen ist. Man findet uns regelmäßig am Meer oder durchs Watt stiefeln, erzählen – leer laufen können, reden, aufholen, teilen, nahe sein. Das Zusammensein feiern. Bei einem schönen Essen, beim gemeinsamen Kochen, beim Sehen einer Reportage im Fernsehen, beim Zuschauen auf einer großen Baustelle, beim Autofahren, bei der Arbeit im Garten. Egal was: Hauptsache zusammen! Das ist unsere Liebessprache und uns noch einmal besonders kostbar geworden, nachdem wir bei unserem ersten Kind erleben mussten, wie zerbrechlich das Leben ist. Heute sind wir dankbar dafür, dass uns durch diese Krise überdeutlich bewusst wurde, was wirklich zählt im Leben. Diesen Wert des anderen, von Kindern, von Familie und Freunden zu erkennen, hat uns bewahrt vor manchen karrierebewussten, aber lebensfeindlichen Wegen.

## • 4. Spielkameraden sein

Wir würden es beide so sagen: »Du bist mein bester Freund!« Am wohlsten und am tiefsten verstanden fühlen wir uns miteinander. Keine Geheimnisse voreinander haben müssen. Nichts unangesprochen lassen. Keine verbotenen Themen. Meine Frau/mein Mann ist mein bester Freund. Mein verlässlichster, interessantester, der, zu dem ich mich am meisten hingezogen fühle. Und dabei haben wir wunderbare Freunde – tolle Leute, die geistlich anregend sind und mit denen man Visionen und Pläne teilen kann. Unverzichtbar. Ein Reichtum, der eine Ehe wunderbar ergänzt. Aber beste Freunde sind wir füreinander.

Und erleben es auch ganz praktisch so: Am meisten Spaß bringt es miteinander. Deswegen spielen wir so gerne miteinander. Nicht unbedingt Spiele, sondern das Leben! Aber durchaus auch spielerisch, nicht immer nur zweckmäßig. Feiern das Schöne des Lebens. Beim

Urlaub in Norwegen zusammen einen Bach stauen. Am Hafen den Schiffen beim An- und Ablegen zusehen. Für sie nach einer Bernsteinbrosche suchen oder für ihn nach einem Buch. Gemeinsam durch die Gärtnereien ziehen und schöne Stammrosen kaufen oder Holz hacken für den Kaminofen. Zusammen Spaß haben. Nicht nur im Alltag stecken bleiben. Wir versuchen, darauf zu achten: Sich für den anderen schön machen, tun, was er gerne mag – Unvernünftiges, Freude, Überraschungen ...

Zu einem Hochzeitstag forderte mich mein Mann auf, festlich gekleidet um 18.00 Uhr fertig zu sein. Meine beiden Töchter wussten, worum es ging. Ich nicht. Was habe ich mit den beiden vorm Kleiderschrank alles probiert, neugierig, was wohl das richtige Outfit sein würde. Neugierig und gespannt auf den Abend. Was hat das meinen beiden Töchtern Spaß gemacht! ... und uns beiden auch! (Achtung, damit kein falsches Bild entsteht: Es gab auch Hochzeitstage, die wir beide vergessen haben ☺.)

Auf einem Eheseminar mit Gordon MacDonald und seiner Frau Gail hörten wir, wie wichtig es ist, dass Ehepaare auch noch im Alter füreinander »Playmates« sind. Spielkameraden. Wir beide schauten uns an und freuten uns: Ja, genauso erleben wir das. Übrigens: durchaus auch in der Sexualität. Spielen miteinander. Ausprobieren, entdecken, Neues wagen. Freude und Glück erleben im Zusammensein. Wissen, dass Gott sich freut, wenn er uns zuschaut.

## • 5. Der andere als meine sichere Burg

Wir beide arbeiten neben unserer gemeinsamen Verantwortung für die Erziehung unserer vier Kinder und neben Gemeinde und Gemeinschaft als Journalisten auch öffentlich und in einigen ambitionierten Projekten mit. Wer sich einsetzt, setzt sich aus. Wer Risiken eingeht oder auch mal mit Themen und Inhalten provoziert, der wird angegriffen, macht sich verletzlich. Aber selbst, wer nicht in der Öffentlichkeit steht, hat durch Beruf und Beziehungen genug Anlass, Rückschläge oder Kritik zu verdauen. Scheitert immer wieder einmal an Menschen oder an sich selbst.

Dann zu wissen, dass mir der andere immer und unter allen Umständen meine sichere Burg ist, in deren Schutzmauern ich geborgen bin, ist ein unglaublich gutes Gefühl. Sich zurückziehen können und einfach verstanden werden. In den Arm genommen werden und wortlos zu wissen, dass alles gut ist. Nicht mehr leisten müssen, sondern einfach sein können. Einander als sichere Burg im Sturm der Welt und des Lebens zu erfahren. Und das auch für den anderen sein wollen, ihn zu verstehen, zu schützen, vertrauenswürdig zu sein. Das ist eine der besten und wichtigsten Ehe-Erfahrungen.

Dazu gehört unbedingt, ehrlich und angstfrei genug zu sein, den Partner zu konfrontieren oder zu kritisieren. Gerade darin kann man auch Schutz empfinden: Einordnung, Rückhalt. Du und ich – die sichere Burg. In den ersten Jahren unserer Ehe schenkte mir meine Frau mal eine Postkarte von Charlie Brown und Snoopy – in einer Phase, wo es mit Kritik und Angriffen wieder gerade mal dicke kam: *»Du und ich gegen den Rest der Welt ...«*, sagt darauf Charlie Brown zu Snoopy. *»Glaubst du, die hätten eine Chance?«* Ich habe die Karte lieb gewonnen – und die Frau dahinter noch viel mehr.

6.

## • 6. Gemeinschaft mit anderen

Als gutes, bereicherndes, heilsames Umfeld für unsere Ehe haben wir die Freundschaft mit anderen erfahren. Nicht allein zu sein, damit man nicht in den Grenzen der eigenen Weltsicht oder im Dschungel persönlicher Probleme untergeht. Wir erfahren das seit fast 25 Jahren im Rahmen unserer Lebensgemeinschaft »WegGemeinschaft e.V.« in Cuxhaven, sieben Freunde, mit denen zusammen wir das Tagungszentrum Dünenhof verantworten, Seminare planen, die Arbeit dort begleiten.

Aber wir begleiten einander auch in unseren jeweils noch einmal persönlichen Aufträgen und Lebensführungen. Das ist nicht immer bequem und romantisch, aber jeder von uns würde es heute so sagen: Wir wären nicht dort, wo wir jetzt sind, wenn wir nicht auch die Herausforderung durch die Gemeinschaft gehabt hätten. Das aneinander Reiben, der Einblick in andere Ehen, das sich Formen und Lernen voneinander. Gerade auch geistlich und im Wahrnehmen ganz praktischer Lebensfragen ist das eine fantastische Hilfe.

## • 7. Im Dreieck mit Gott leben

Für jeden von uns beiden spielt der Glaube eine entscheidende Rolle. Weil Gott den anderen genauso wie mich liebt, hat das eine starke Rückwirkung auf unsere Beziehung. Unsere Ehe wird zu einer Dreiecksbeziehung. Dieses Dreieck bietet eine optimale Chance auf emotionale Gesundheit und Glück.

Zwei Menschen, die sich im Aufblick zu Gott die Treue versprechen, teilen damit automatisch die wesentlichsten Werte des Lebens. »Trachtet zuerst nach dem Reich Gottes, dann wird euch alles andere zufallen« – das gilt ja auch für eine Ehe. Gemeinsam Gott ehren und ihn an die erste Stelle setzen, das ordnet die beiden Partner auf gleicher Ebene einander zu. Gibt ihnen ein gemeinsames Ziel, eine gemeinsame Quelle, einen gemeinsamen Ansprechpartner. Gott in allem zu ehren und seinen Weg zu suchen: Wenn beide danach streben, dann haben sie eine hohe Chance, in ihrem gemeinsamen Unterwegssein Glück zu erleben.

Und reale Hilfe. Denn beide werden schuldig. Und erhalten von Gott Vergebung. Und können und werden deswegen auch einander vergeben. Weil wir beide nicht genügen. Und beide doch zu 100 % bei Gott angenommen sind. Gott ist für uns der gemeinsame Nordpol im Leben, der Leuchtturm, an dessen Licht und Verheißung wir uns gemeinsam ausrichten. Mit ganz konkreten Folgen: Die Weisheit der Bibel wird zur Richtschnur, nach der beide leben wollen. Gemeinsam wollen wir für Gott Frucht bringen – auch mit unserer Ehe. Eine moderne Firma formuliert heute bewusst Auftrag, Ziele und Werte für ihre Existenz. Gott als gemeinsames Ziel führt dazu, dass unser »Mission-Statement« für die Ehe schon formuliert ist. Wenn wir bei Auftrag, Zielen und Werten einig sind, dann leben wir auf enorm festem Grund.

## • 8. Gemeinsame Projekte anpacken

Die gemeinsame Beziehung zu Gott hat Folgen: Von Anfang unserer Ehe an haben wir viel zusammen für Gott gearbeitet. In der Gemeinde. Bei Freizeiten oder neuen Ideen. In der Familie. Mit neuen Zeitschriften wie *family* oder *AUFATMEN* oder JOYCE. In unserer Lebensgemeinschaft und beim Aufbau des Dünenhofs. Die Ehe als Arbeitsgemeinschaft, das gibt uns eine große Vitalität und Frische – unabhängig von Kinderphasen oder beruflichen Optionen. Wir haben beide Pionierblut in den Adern und unternehmen gerne etwas. Unsere Ehe wird reich durch die gemeinsame Arbeit – auch wenn unsere Wohnung sicher oft aufgeräumter und das Haus längst renoviert wäre, hätten wir andere Prioritäten ...

### • 9. Partnerschaftlich leben

Wenn ich von meinem Partner um etwas gebeten werde, hat das Priorität und wir achten darauf, dass es nach besten Kräften getan wird. Wir helfen einander. Bei uns gibt es das nicht, dass ich den Abend über die Küche aufräume, die Wäsche bügle und die Kinder zu Bett bringe, während mein Mann abwesend vorm Fernseher sitzt. Er räumt die Spülmaschine aus und bringt die Kinder zu Bett, während ich im Keller die Wäsche erledige. Und natürlich achte ich genauso auf den Ölwechsel, fahre das Auto zur Werkstatt und zum TÜV, wenn er unterwegs ist ... Wir sind ein Zwei-Mann-Unternehmen – durchaus spezialisiert – aber ein Team, das sich jederzeit ergänzen und abwechseln kann.

### • 10. Unterschiedlichkeit als Bereicherung erleben

Am Anfang unserer Ehe dachten wir natürlich, der andere wäre so wie ich. Wo Christel nicht so war, da habe ich sie gerne mal »vortanzen« lassen. Wenn sie sich an den Fohlen auf der Weide freute, dann fand ich das albern: »Oh, guck mal, die schönen Pferde!«, habe ich gekräht und mich lustig über sie gemacht. Blöde und dumm von mir. Aber wohl eher aus einer Verunsicherung heraus passiert, weil mir Freude an der Natur intellektuell nicht cool genug erschien und ich dachte, der andere müsste so sein wie ich.

Muss er aber nicht! Ist er auch nicht! Im Gegenteil: Wir sind total unterschiedlich. Unterschiedlich durch unsere Familie geprägt, unterschiedlich als Frau und Mann. Sexuell so unterschiedlich. Klar, man braucht gemeinsame Ziele, gemeinsame Werte, eine gemeinsame Vision. Aber die Unterschiedlichkeit der Persönlichkeit muss dabei überhaupt nicht stören, sondern ist auch eine reizvolle Ergänzung. Sie reizt manchmal, nervt auch. Aber sie verhindert nicht Nähe. Wir können sie akzeptieren, sie im anderen ehren, ihn für seine Art und sein Empfinden freisetzen. Und ihn als den anderen lieben. Wenn wir uns unsere Unterschiedlichkeiten gönnen und sie gegenseitig feiern, können sie zur würzigen Bereicherung werden und geben uns Freiheit zum Sein.

Unser Freund und Mentor Gordon MacDonald hat über sich und seine Frau gesagt: »85 Prozent an ihr liebe ich, die restlichen 15 Prozent kann ich akzeptieren.« Eine gute und realistische Einschätzung des Miteinanders, die wir teilen. Der andere darf sein, wie er ist. Und ich bin dankbar für ihn. Erlebe ihn als persönliches Geschenk Gottes, der mir auch in dem anderen zeigt, wie gut er mich kennt und wie sehr er mir Glück gönnt. Dankbarkeit ist Treibstoff für die Liebe. Und Glück liegt nicht darin, zu bekommen, was man unbedingt haben will, sondern zu wollen, was man hat. Du bist Gottes Geschenk an mich. Dir will ich treu sein, dich will ich lieben.

## Eggers

**Christel und Ulrich**
sind seit 27 Jahren verheiratet und leben an der Elbmündung in Cuxhaven. Sie ist Hausfrau und Mutter der vier Kinder zwischen 11 und 21, startete das Frauenmagazin JOYCE und arbeitet heute mit einer halben Stelle für die Zeitschrift AUFATMEN. Er ist Pastor im Bund Freier evangelischer Gemeinden und leitet den Bundes-Verlag in Witten. Als Gründer der Zeitschriften family und AUFATMEN ist er auch als Vorsitzender von Willow Creek Deutschland aktiv. Die Familie lebt im Zusammenhang der christlichen Lebensgemeinschaft WegGemeinschaft e.V. in Cuxhaven, die dort das christliche Tagungszentrum betreibt.

# Drei Schlüsselbegriffe

Claudia und Hans-Georg Filker

## Warum wir uns noch immer lieben?

Ja, liebe Leute, warum denn auch nicht?

Wir hatten bisher keine Veranlassung, an unserem Ehe-Projekt zu zweifeln. Hatten wir deshalb 28 leichte Jahre? Ja und Nein.

Wir ahnen, dass wir mit dieser lapidaren Aussage schon ziemlich am Kern der Antwort angekommen sind. Auseinandersetzung? Na klar! Streits? Aber bitte sehr! Manchmal Zeiten des Nebeneinanderhertrottens? Ja, warum denn nicht? Aber die Beziehung, die haben wir doch nicht in Frage gestellt. Das Fundament blieb immer unter uns. Ein entscheidender Ratschlag deshalb direkt zu Beginn: Beachten Sie die Haltesignale! Bei Auseinandersetzungen zu sagen: »Ich weiß nicht, ob es noch einen Sinn hat«, »Ich weiß gar nicht, wie ich mit dir weiter leben soll«, »Manchmal glaub ich, ich hätte es leichter ohne dich als mit dir« – lassen Sie es bleiben ... Immer wieder haben wir beobachtet, wie diese »Sprachspiele« zu bitterem Ernst wurden.

Also dann – haben wir nun ein paar Geheimrezepte für eine gelingende Beziehung auf Lager? Ist es nicht vermessen, zu denken, sie zu haben?

Wir haben ein paar Einsichten, dazu gute Erfahrungen, die wir auf einer schon recht langen gemeinsamen Wegstrecke gemacht haben, die anderen vielleicht Anregungen geben, auch wenn sich die Lebenssituationen natürlich immer unterscheiden. Viel mehr wäre zu sagen! Wir werden ein bisschen von früher erzählen, vom Start unserer Beziehung, von wichtigen Stationen, weil daran sehr gut deutlich wird, was grundlegend für unsere Ehe ist.

Für uns haben sich im Laufe unserer Ehe drei Schlüsselbegriffe als sehr ehe-freundlich herausgestellt: *Respekt, Wertschätzung und Dankbarkeit.*

Buchstabieren wir es durch:

**• 1. Ziemlich ähnliche Startbedingungen**

Für manche klingt es vielleicht langweilig, aber wir haben viele Ähnlichkeiten in unsere Ehe eingebracht. Hier ein paar Kostproben:

Wir haben den gleichen Bildungsabschluss. Klingt vielleicht ein bisschen arrogant. Wir bezweifeln nicht, dass Krankenschwester und Arzt eine verbreitete und gut mögliche Kombination ist. Oder Erzieherin und Pfarrer. Aber wir waren nun mal auf gleicher Augenhöhe. Das mindert das Konfliktpotential, weil es keine innere Hierarchie gibt.

Nun gut, bei uns ist es nun mal so: Wir haben beide studiert, sogar dasselbe Fach (muss kein Vorteil sein), die Theologie, alle Examen gemacht. Mehr dazu gleich ...

Wir kommen beide aus einem ähnlichen »Stall«. Wir haben als Jugendliche in verschiedenen Städten einen offenen, weltzugewandten Pietismus erlebt, wurden zur Mitarbeit ermutigt, mit unseren Gaben gefördert. Politische Verantwortung war Thema – all dies war uns beiden in unserer Beziehung wichtig. Das hat vieles erleichtert. Auf den Punkt gebracht: Wir haben ziemlich viele ähnliche Werte, dadurch einen ähnlichen Lebensstil.

Nun kann man diese Dinge ja nicht machen. Darum ist es umso wichtiger, sich die eigenen Startbedingungen anzuschauen. Dazu gehören natürlich viele andere Dinge, die geprägt haben, z.B. die Herkunftsfamilie, Schulerfahrungen.

**• 2. Geld spielt keine Rolle**

Wir wollten heiraten. Claudia war Studentin im 3. Semester, Hans-Georg Assistent an der kirchlichen Hochschule und bekam ein monatliches Gehalt. Wir sehen noch deutlich das Bild vor uns, wie wir beide am Schalter der Wuppertaler Sparkasse stehen und Hans-Georgs Konto zu unserem gemeinsamen machen. Claudias monatlicher Beitrag zur Haushaltskasse war gleich Null. Nun hieß es »unser« Geld. Ohne Wenn und Aber. Claudia musste nicht darum bitten, sondern es war für Hans-Georg eine Selbstverständlichkeit. Er hatte bei seinen Eltern erlebt, dass die Mutter vom Vater ein wöchentliches Haushaltsgeld bekam und darüber Buch führen musste. »So nicht!«, war seine Überzeugung als Sohn. »Mein Geld, mein Auto, mein ...«, kam und kommt nicht über seine Lippen. Wir erleben viele auch junge Ehen, längere Partnerschaften, in der die Geldfrage eine Machtfrage ist. Geld ist in vielen Beziehungen ein großes Konfliktpotenzial. Ums Geld haben wir uns so gut wie nie gestritten ... Und wenn wir hören, wie ein Familienvater von »meinem« Auto spricht, bekommen wir immer eine leichte Gänsehaut. Wenn bei Paaren einer vom anderen nicht weiß, was auf dem Gehaltsbogen steht, finden wir das gruselig.

3.

### • 3. Wir halten die Selbstständigkeit aus

Als wir heirateten, hatte Hans-Georg eine große Sorge. Er hatte gerade in seinem Freundeskreis erlebt, dass sich ein Paar trennte, weil es ihr zu eng wurde und sie sich in ihrer Entwicklung bevormundet fühlte. Ihre Startbedingungen waren unseren recht ähnlich: Anfangssemester heiratet »fertigen« Studenten. Und dann noch dieselbe Fachrichtung. Hans-Georg hat damals sehr klug die Gefahr gesehen. Wie einfach wäre es für Claudia gewesen, sich in die starken Arme zu lehnen und von seinem Vorsprung zu profitieren. Kommt nicht in die Tüte – das war Hans-Georgs striktes Motto: »Du sollst immer das Gefühl haben, dein Studium allein geschafft zu haben.« Wie das praktisch aussah? Seminararbeiten, Examensarbeiten – Hans-Georg warf keinen Blick beim Entstehen über die Schulter, erst recht nicht in die Papiere. Das klingt vielleicht ein bisschen krass, aber es war einfach nur gut. Nicht ein einziges Literaturverzeichnis hat er sich angeschaut ... Da half kein Augenklimpern. Hans-Georg kann sehr konsequent sein.

Und dann hat er Claudia auch noch weggeschickt! »Du musst einfach ein paar Semester in einer der tollen Uni-Städte Theologie studieren.« – Das hieß für uns als sehr junges Ehepaar eine Wochenend-Ehe und weniger (wir haben uns manchmal mehrere Wochen nicht gesehen) zu führen. Claudia in Göttingen, Hans-Georg in Wuppertal. Da hatten wir dann auch ein besorgtes Ehepaar auf unserer Couch, das uns mächtig ins Gewissen redete. Wir könnten es doch nicht verantworten, eine junge Ehe so zu gefährden. Das sahen wir zum Glück ziemlich anders. Die beiden sind übrigens mittlerweile leider geschieden ...

Freiheit, Selbstständigkeit, viel Vertrauen, keine Eifersucht – noch heute bestimmen diese Einstellungen unsere Beziehung.

Es war Hans-Georg auch sehr wichtig, dass Claudia ihre Ausbildung komplett abschließt. Nicht nur das erste Examen, sondern auch das zweite machen. Und anschließend die Zeit, bis sie die so genannte Anstellungsfähigkeit als Pfarrerin hatte. Obwohl Claudia recht schnell ihr Studium abschloss, gingen mit allem Drum und Dran die Jahre ins Land. Nach dem ersten Examen hatten wir schon unsere ersten beiden Adoptivkinder, zwei Schwestern aus Kolumbien, bei uns. Da mussten wir schon ziemlich gemeinsam jonglieren, um den Herausforderungen gerecht zu werden: Elternsein, Vikariat mit 2. Examen, Hans-Georgs Tätigkeit als Jugendpfarrer. Damals haben wir gelernt, unsere Zeit gut einzuteilen, aus kurzer Zeit z. B. viel Lernzeit zu machen. Wir lebten in einem großen Pfarrhaus in einer guten Hausgemeinschaft mit einer allein erziehenden jungen Frau, Zivis, Praktikanten. Wir erlebten große Essensrunden und waren recht weit entfernt von einer »normalen« Familie.

Doch immer hatten wir ein großes Ziel vor Augen: Wir beide freuten uns sehr darauf, uns eines Tages als Ehepaar eine Pfarrstelle zu teilen ...

## • 4. Küche, Kinder, Kirche ...?

Tja, und dann kam doch irgendwie alles anders. Unser Traum bekam Bodenkontakt mit dem ersten Anruf aus Berlin. Berlin – wirklich die Stadt von Claudias Alpträumen. Sie fand Berlin groß, grau, kalt. Sie hatte sich schon in irgendeiner oberbergischen Kleinstadt in einem schnuckeligen Fachwerk-Pfarrhaus wohnen sehen, konnte sich manches vorstellen, nur keinen Umzug nach Berlin. Aber die Berliner wollten Hans-Georg als Direktor der Berliner Stadtmission. Hans-Georg biss ziemlich schnell an.

Claudia war – mal ganz ehrlich gesagt – schon ein bisschen beleidigt zu sehen, wie leicht es Hans-Georg fiel, den gemeinsamen Traum, einmal eine Pfarrstelle als Pfarrer-Ehepaar zu teilen, aufzugeben.

Berlin kam. Und dann wurde wirklich alles recht traditionell: Papa verlässt morgens das Haus, Mama bleibt mit wachsender Kinderschar daheim? Ja und nein.

Um es vorweg zu nehmen:

Wir sind eigentlich ziemlich fröhlich und Gott dankbar, dass es kam, wie es kam und wir unsere kostbare Lebenszeit nicht auf gemeinsamen Gemeinderatssitzungen und Mitarbeitendenbesprechungen verbringen. Wir denken, wir haben uns manche konfliktreichen Herausforderungen erspart. Außerdem hätten wir wahrscheinlich keine sechs Kinder bekommen ...

Apropos Kinder: Wir wollten immer eine große Familie und haben sie bekommen. Wir wollten leibliche und adoptierte Kinder – sie bereichern unser Leben und es sind nicht vier, wie ursprünglich geplant, sondern sechs geworden.

Und wie ist das jetzt mit »Kinder, Küche, Kirche«? Es stimmt – wir leben anders als geplant eine ziemlich traditionelle Rollenaufteilung: Papa verdient das Geld, Mama gibt es aus und wäscht dafür die Wäsche und bringt sogar die Anzüge in die Reinigung. Hans-Georg hat Claudia ja damals 1989 nicht an den Haaren nach Berlin geschleift. Sie hat »Ja« gesagt. Anders geht es auch nicht. Es war schon ein mächtiger emotionaler Purzelbaum. Aber am Ende des Entscheidungsprozesses stand das gemeinsame »Ja« zu dieser Berufung.

### • Worauf wir besonders geachtet haben?

**Erstens,** dass Hans-Georgs »Familienanteil« nicht der Vielbeschäftigung geopfert wurde. Hier ein paar Kostproben:

- Alle Kindergeburtstage hat Papa durchgeführt, das ist eine heilige Familientradition.
- Hans-Georg ist jedes Jahr mit den Kindern eine Woche allein weggefahren.
- Wenn er abends zu Hause war, hat er die Kinder ins Bett gebracht. Jedes Kind hatte eine eigene von ihm erfundene Erzählfigur, später wurden mit einer konkurrenzlosen Ausdauer Bücher vorgelesen, wurde gesungen, gebetet.

**Zweitens:** Hans-Georg hat Freiräume für Claudia freigeschaufelt. Uns war die schwierige Situation immer bewusst. Wie kann Claudia »ihren« Beruf leben. Hans-Georgs Bemühen, dafür Wege zu sehen und zu ermöglichen, Ideen zu unterstützen haben ihr immer wieder gezeigt, wie viel Wertschätzung er ihr entgegenbringt.

So kommt es, dass Claudia keine »normale« Pastorin geworden ist, sondern pfarramtliche Dienste im Ehrenamt verrichtet. Sie engagiert sich in einer Stadtmissionsgemeinde und genießt durchaus die vielen Vorzüge des Ehrenamts. Aber anderes entwickelte sich durchaus »professionell«:

Claudia macht »Heimarbeit« am Laptop. Bücher schreibt man zu Hause und das macht sie seit vielen Jahren.

Immer häufiger kamen die Einladungen zu Vorträgen. Seit vielen Jahren ist Claudia Dauerkundin bei der Deutschen Bahn und regelmäßig in ganz Deutschland als Referentin unterwegs.

Wie oft saßen wir abends beim Griechen, die Kinder im Bett, und brüteten über unseren Terminkalendern, um Claudias Auswärtstermine zu koordinieren. Hans-Georg hielt sich langfristig die Freitagabende und Samstage frei.

## • 5. Du bist mir wichtig

»Siehst du deinen Mann überhaupt?«, so wird Claudia oft mitleidig gefragt, wenn Leute von Hans-Georgs ungewöhnlichen Arbeitszeiten hören. Um es vorauszuschicken: Die rechte Balance ist auch immer ein Kraftakt der Aufmerksamkeit. Nichts geht von allein.

Und ein Zweites als Vorbemerkung: Wir können gut allein sein. Und das ist gut so, denn wir sind es auch oft. Die Zahl der Abende, an denen Hans-Georg sehr spät heimkommt oder unterwegs auf Dienstreisen ist, ist schon recht üppig. Ich bin ja auch nicht ans Haus gekettet – Gemeinde, Elternabende, Schulpflegschaft, Freundinnen ...

Zu unserem großen Glück ist da aber das andere: Wir sind auch sehr gern zusammen. Wir können beides gut: Den anderen freigeben und loslassen und die gemeinsame Zeit sehr genießen. Und das wissen wir beide voneinander!

**Claudia:** Ich freue mich immer wieder auf Hans-Georg. Und ich spüre das sehr deutlich bei ihm. Das klingt vielleicht mächtig banal. Aber ich glaube, in dieser scheinbaren Selbstverständlichkeit liegt viel Kraft. Unendlich viele schöne, gemeinsame Stunden waren abends zu Zeiten, als andere schon ans Schlafengehen dachten.

In Berlin gibt es viele warme Sommerabende (von wegen Berlin ist kalt, ich sage nur »Kontinental-Klima«!): wie oft sitzen wir abends ab 22.00 Uhr auf der Terrasse und tauschen unsere Welten und Gedanken aus. O.k., wir geben es ja zu: Unser super preiswerter Lieblingsgrieche hat zum Glück bis nach 24.00 Uhr geöffnet. Ja, ja, wir wissen es: Essen am Abend ist ungesund, liegt schwer im Magen, setzt an – und ist einfach nur gut, für uns echt ehe-freundlich.

**Also:** Gerettete Ehe-Zeiten – wir glauben, dies ist uns in den zurückliegenden 28 Jahren gut gelungen. Unsere Kinder wissen das auch. »Geht ihr heute noch mal zusammen weg?«, fragten sie oft. Naja, sie kennen uns halt gut.

## • 6. Ich finde dich echt gut

Okay, nicht immer. Und nicht immer gleich. Und manchmal finden wir manche Macken des anderen auch nicht gerade toll. Weil uns etwas quer liegt. Sich irgendetwas eingeschlichen hat, was uns nicht gut tut. Und kritisieren kann ich – Claudia – besonders gut, viel zu oft, besonders in der Variante »meckern«.

Irgendwann hörte ich, dass auf einen »Mecker« fünf positive Bemerkungen kommen sollen. Das gilt natürlich für jede Kommunikation – also auch mit den Kindern. Solche Zahlen treiben mir eher die Schamröte ins Gesicht ...

Diese kleine Beichte muss sein, damit das Folgende nicht zu glatt rüberkommt:

Wir finden uns wirklich gut, in dem, was wir tun.

**Claudia:** Ich habe wirklich aufrichtige Hochschätzung vor dem, was Hans-Georg leistet, mit welcher Leidenschaft und Liebe er seinen Dienst verrichtet. Ich bewundere ihn für seinen Lieblingssatz, den ich an so vielen Abenden von ihm höre: »Du glaubst ja nicht, was ich heute wieder Tolles erlebt habe!« Damit beschreibt er einen Arbeitstag, der manchmal 14 Stunden dauert. Ich freue mich über seine gute Laune am Frühstückstisch, die meistens den ganzen Tag anhält. Ich finde es oft faszinierend, mit welchem Geschick er konfliktträchtige Gespräche mit den heranwachsenden Kindern meistert und und und.

Ich sehe es – und ich sage es!

**Hans-Georg:** Und ich finde meine Frau gut. Wie sie multi-tasking-mäßig die Aufgaben managt: Haushalt, Einkaufen, Kochen, Schularbeiten der Kinder nicht aus dem Blick verliert, Engagement in der Schulpflegschaft, sehr den Menschen zugewandt ist, by-heart predigt, mit Begeisterung und interessanterweise immer gleichzeitig theologische, pädagogische, psychologische, familientherapeutische Fachliteratur studiert und von mir nicht das Gleiche fordert. Sie ist eine präsente Ansprechpartnerin für die Kinder, findet immer so tolle Sonderangebote und kennt die Untiefen nicht nur unserer Steuererklärung. Und was ich sonst noch toll finde, verrate ich nicht. Aber das eine und das andere sage ich ihr!

Dem anderen zeigen, dass man ihn gern hat. Dem anderen sagen, was man an ihm mag und schätzt. Worte finden und natürlich Gesten der Zärtlichkeit. Beides sind große Schätze, die wir gut pflegen.

Erinnern Sie sich an die drei Schlüsselbegriffe, die wir zu Beginn genannt haben: Respekt, Wertschätzung, Dankbarkeit. Haben Sie sie wiedergefunden?

## Filker

**Claudia** (49 J.) u. **Hans-Georg** (56 J.), verheiratet seit 28 Jahren, sie leben seit 1989 in Berlin und haben sechs Kinder, vier Enkelkinder. Hans-Georg ist als Pfarrer Direktor der Berliner Stadtmission, Claudia Pastorin, Autorin, Referentin. Zusammen haben sie geschrieben: Bis dass der Trott uns scheidet. Überlebenstipps für Eheleute.

# Liebe ist wie ein Löffel

Cae und Eddie
**Gauntt**

**»Liebe ist wie ein Löffel,**
**manchmal gibt er,**
**manchmal nimmt er,**
**aber er ist immer bereit zu dienen!«**

Ich verziere gerne Servierlöffel mit kleinen Glassteinchen, um sie dann als Hochzeitsgeschenk oder Geburtstagsgeschenk zu verkaufen.

Ich nenne sie »Liebeslöffel« und füge immer den kleinen Spruch oben hinzu.

Wir meinen, dass der Vergleich stimmt: Einmal investieren wir etwas in unsere Ehe, ein anderes Mal ist es notwendig, dass wir etwas herausnehmen. Wichtig ist allerdings immer, sich zu fragen, ob diese Entscheidung dem gemeinsamen Leben gut tut oder nicht.

Liebe ist – genauso wie ein Servierlöffel – immer nur so effektiv, wie die Person, die ihn »in der Hand hält«.

Deshalb üben wir diese »Löffel-Fähigkeiten« immer noch ein und feilen daran.

Im Folgenden möchten wir ein wenig davon weitergeben, was wir in den letzten 28 Jahren unserer Ehe gelernt haben.

**Eddie:** Unsere Liebe ist in Texas/USA geboren, aber sie musste in Wien/Österreich erwachsen werden. Weit, weit weg von unserer Familie, zu der wir hätten flüchten können, um getröstet zu werden – wenn wir nur nicht so weit weg gewohnt hätten.

Weit weg von gut gemeinten, aber möglicherweise schlechten Ratschlägen von Familie und Freunden. Ferngespräche und kurze Besuche zu Hause waren der einzige Kontakt, den wir zu unserer lieben Familie hatten. Cae und ich waren gezwungen, miteinander auszukommen, hatten nur uns selbst – und das in einem Land, das uns jeden Tag mit enormen Veränderungen konfrontierte und einer Sprache, die keiner von uns beiden sprach. Aber für unsere Ehe war es gut – vielleicht das beste, was ihr passieren konnte!

Wir mussten die Lösung für unsere Probleme selbst finden, hatten keinen Platz, wohin wir uns hätten flüchten können. Dies alles festigte unsere Ehe stark und wir empfehlen es allen jungen Paaren, die uns danach fragen!

**Cae:** Ich habe eine absolut gültige Regel für unsere beiden Jungs: Erschreckt Mama nicht! Und weil meine Familie weiß, dass ich eine mehr als blühende Fantasie besitze, wissen sie auch, dass sie mich darüber informieren sollen, wo sie sich aufhalten, was sie tun – und vor allem, wenn sie vorhaben, ihre Pläne so zu ändern, dass es mich ängstigen könnte. Auch Eddie und ich respektieren uns auf diesem Gebiet gegenseitig. Wir wissen, dass ein Anruf – auch mitten in der Nacht – von Sorgen befreien kann. Deshalb versuchen wir immer, in Kontakt zu bleiben. Das Folgende passierte, als einer von uns diese Abmachung vergaß ...

Eddie sang in Paris beim UEFA-Cup-VIP-Dinner. Er ging davon aus, um ca. 1.30 Uhr zu Hause zu sein. Gegen Mitternacht versuchte ich, ihn auf dem Handy zu erreichen, um mich zu erkundigen, wie der Auftritt für ihn gelaufen war und um ihm eine gute Fahrt zu wünschen. Eddie ging nicht ans Telefon.

Gegen 2.30 Uhr wurde ich panisch. Ich versuchte immer wieder, ihn auf dem Handy zu erreichen – vergeblich.

Mitten in der Nacht rasen einem die schrecklichsten Fantasien durch den Kopf – egal, was für ein rationaler Mensch man ist. Gegen 5.30 Uhr konnte ich die Anspannung nicht mehr ertragen und rief den Veranstalter in Paris zu Hause an, ob er irgendeine Idee hätte, wo mein Mann sein könnte. Ich bin mir sicher, dass seine Fantasie bei dieser Frage mit ihm durchging. Er meinte mir gegenüber jedoch, dass die Heimfahrt wohl länger als geplant dauern würde und gab mir zu verstehen, dass die Veranstaltung schließlich erst gegen 1.30 Uhr geendet hätte.

Um 8.00 Uhr spazierte Eddie zur Haustür herein und ich weinte wie ein Baby – vor Erleichterung, dass er sicher und unversehrt nach Hause gekommen war.

Eddie hatte beschlossen, nicht gegen 2.00 Uhr anzurufen, als er sich auf die lange Heimfahrt machte, um mich nicht zu wecken. Er hielt es auch nicht für nötig, sein Handy auf dem Heimweg anzuschalten, da er davon ausging, dass ich selig schlummern würde. Als er mitbekam, wie sehr ich die ganze Nacht gelitten hatte, versprach er künftig *immer* anzurufen, wenn sich der Zeitplan so extrem verschieben würde wie in dieser Nacht. Er hatte unsere »goldene Regel« gebrochen: Erschreckt einander nicht! Wir gelobten uns erneut, dieses Versprechen zu respektieren!

**Eddie:** Cae hat einen unglaublichen Sinn für Humor. Sie kann eine langweilige oder spannungsgeladene Situation ins Komische ziehen, so dass wir beide lachen müssen. Ähm ... nicht, dass Sie mich falsch verstehen – Cae ist nicht die *ganze* Zeit komisch, aber ich freue mich über ihren Witz. Es vergeht kaum ein Tag, an dem sie keine spritzige Idee oder eine Überraschung in unser Haus oder unsere Ehe bringt! Mein Leben wäre so öde ohne sie!

**Cae:** Wenn wir Streit haben, dann nur so lange, bis ein Gespräch stattgefunden hat, das die Luft reinigt. Dafür ergreife *immer* ich die Initiative. Viele Jahre ärgerte ich mich über diese Tatsache. Für mich war das ein Zeichen dafür, dass ich mich – im Gegensatz zu Eddie – um unsere Beziehung kümmerte. Irgendwann merkte ich dann, dass Eddie unsere Beziehung genauso wichtig war, dass er nur nicht die nötige Fähigkeit und Begabung hat, ein klärendes Gespräch zu beginnen. Er hatte Angst, etwas Falsches zu sagen. Ich akzeptierte daraufhin meine Rolle als »Der Initiator« (um mit den Worten Arnold Schwarzeneggers zu sprechen) und erkannte, dass Eddie so viele Gaben hat, die ich nie haben werde. Er ist ein absolut großartiger Gesellschaftsmensch, kann sich mit jeder Person unterhalten, ist ein ausgezeichneter Zuhörer. Alles Begabungen, die bei mir kaum ausgeprägt sind. Ich lerne von ihm und bekämpfe nicht mehr die Tatsache, dass ich unsere persönlichen Gespräche über unsere Ehe anstoßen muss.

**Eddie:** Gehen Sie nicht zu Verwandten oder Freunden, um einen Rat für Ihre Beziehung zu erhalten. (Dies torpediert jetzt die Absicht dieses Buches, oder? ☺) Sie meinen es gut. Aber es funktioniert eben nur für sie selbst; es kann Ihnen möglicherweise sogar mehr schaden als helfen. Wenn Sie einen »Schiedsrichter« benötigen, dann suchen Sie sich einen guten christlichen Seelsorger. Wir haben es getan! Diese Sitzungen mit Dr. Schaar haben uns mehr über unsere Ehe gelehrt als alle Jahre Ehe davor!

Wir kämpfen nicht darum, auf irgendeinem Kurs zu bleiben, den einer von uns oder irgendein Buch für unsere Beziehung vorgegeben hat. Wir stolpern voran, sprechen viel miteinander (manchmal Stunde um Stunde um Stunde) und vertrauen auf unser gutes Gefühl. Nur wir allein können entscheiden, was gut für uns ist.

1. Korinther 10,13 gilt! Ich habe ein Versprechen gegeben und Gott hat mir immer einen Fluchtweg bei einer Versuchung gezeigt.

**Cae:** Ich war so eifersüchtig über den engen (manchmal körperlichen) Kontakt von Eddie zu seinen Kolleginnen am Theater. Er ist so ein attraktiver, zuvorkommender, großherziger Mann. Frauen lieben ihn einfach! Erst mit der Zeit habe ich gelernt, dass ich ihm vertrauen kann. Er hört mir zu, wenn ich davon erzähle, welche seiner Verhaltensweisen mich bzw. unsere Beziehung verunsichern. Eddie hat gelernt, dass er das, was mich verunsichert, nicht verstehen muss. Alles, was zählt, ist, dass ich mich so fühle. Wenn ich mit ihm darüber spreche, dann zeigt er mir seine Liebe und versucht diese Situation zu vermeiden.

**Eddie:** Cae und ich waren »unberührt«, als wir uns befreundeten. Das gab uns die Freiheit, unsere Sexualität gemeinsam zu entwickeln – ohne Angst vor negativen sexuellen Vorerfahrungen und/oder Geschlechtskrankheiten. Wir waren uns in all den Jahren treu. Wir lieben es, miteinander zu schlafen. Es ist so viel besser jetzt als jemals zuvor (und mit 50 Jahren spricht das wohl für sich). Ein Grund dafür liegt in der Tiefe unserer Beziehung zueinander. Es hat mit Vertrauen und Respekt zu tun.

Ein Pfarrer sagte uns einmal, dass die Ehe wie ein Brief und der Sex wie die Briefmarke sei. Sex ist nur ein kleiner Teil des Ganzen – aber ohne Briefmarke kommt der Brief eben nirgends an!

**Eddie + Cae:** Wir haben von einem älteren Ehepaar gelernt, dass eine Beziehung zyklisch verläuft. Wenn wir jetzt zurückblicken, bemerken wir, wie richtig das ist: Phasen, in denen wir glaubten, es nicht mehr miteinander auszuhalten, wechselten sich ab mit Phasen, in denen wir nicht genug voneinander bekommen konnten! Dies lehrte uns eine Grundwahrheit: Wenn Sie die Dinge so, wie sie gerade sind, absolut nicht mögen, dann *warten* Sie einfach! Sie *werden* sich ändern!

Eddie vergleicht es gerne mit zwei Zahnrädern, die einige unebene, misslungene Zähne haben. Wenn diese Zahnräder ineinander greifen, dann treffen manchmal diese unebenen, kaputten Zähne ineinander, reiben sich, klemmen, stecken fest, blockieren. Mit der Zeit schleifen sich diese Unebenheiten ab, die Zahnräder passen besser ineinander. Gott sei Dank!

**Cae:** Lange Zeit versuchte ich, Eddie mir ähnlicher zu machen. Ich wollte ihn ändern, damit wir uns mehr und mehr gleichen sollten. Bis ich auf einmal merkte, dass es *gut* für mich ist, dass er *nicht* so ist wie ich! Es ist wie mit den Zahnrädern. Wo mir die Zähne fehlen, hat er sie – und umgekehrt. Nur *weil* er anders ist als ich, bleiben die Zahnräder am Laufen.

Ich versuche nach wie vor (mit viel Gerede), dass Eddie mich versteht, aber ich verschwende keine Zeit mehr damit, ihn mir ähnlicher zu machen. Ich habe erkannt, dass wir uns gegenseitig ergänzen.

**Eddie:** Caes »Macken« konnten mich die glatten Wände hochtreiben! Jetzt nicht mehr. Ist es das Alter? Die Reife? Zeit? Oder weil ich erkannt habe, dass ihre Persönlichkeit ihre und nur ihre selbst ist – und es deshalb nicht nötig ist, dass ich sie »kontrolliere«. Es ist nicht einmal mein Job, es zu versuchen!

**Cae:** Ich habe gelernt, dass Eddie nicht alles für mich sein kann. Über Jahre fühlte ich mich einsam in den fremden Ländern – ich sprach nicht die Landessprache und wünschte mir von Eddie, dass er mein Mann, Liebhaber und bester Freund sei. Ich zwang ihn immer unter meine Bedürfnisse. Heute habe ich viele Freunde, die einen Großteil meiner emotionalen Bedürfnisse stillen. Und heute *ist* Eddie mein Ehemann, Liebhaber und bester Freund, weil er es selbst sein möchte! Wenn ich von ihm erwarten würde, dass er alle meine Bedürfnisse stillt, dann würde ich frustriert sein und ihn überfordern.

**Eddie:** Wir nehmen uns jeden Tag in den Arm!

**Cae:** Ich bin froh, mit einem gläubigen Mann verheiratet zu sein, da unsere Glaubens- und Wertvorstellungen – einschließlich der Heiligkeit der Ehe – die gleiche ist. Dieser Glaube hat mit Sicherheit eine Brücke über die Gräben der schwierigen Zeiten, durch die wir gingen, geschlagen. Scheidung ist für uns keine Alternative. Da wir beide davon überzeugt sind, haben wir nur zwei Möglichkeiten: Die Beziehung in die Gleichgültigkeit laufen zu lassen – wie es alle Beziehungen tun, um die sich nicht gekümmert wird, oder uns bewusst dafür zu entscheiden, mit Gottes Hilfe die unausweichlichen Veränderungen einer Ehe anzugehen. Wir wollen: Das bejahen, was wir richtig machen. Über unsere Liebe reden. Stolz sein auf unsere Ehe. Voneinander prahlen. Uns gegenseitig respektieren. Ehrfurcht voreinander haben. Es zulassen, dass Gott die Brücke, das Band und die Inspiration für unsere Beziehung ist. Ich bin so tief davon überzeugt, dass unsere Ehe ohne Gottes Hilfe nicht funktionieren würde, dass ich zwei Liebeslieder darüber geschrieben habe: Über Eddie und mich und Gott.

## »Circle of Love«

*And you complete the circle of our love.*
*From Him to me and then right on to you.*
*This love in my heart wasn't put here to stay.*
*This love to be love, I must give away to you*
*To complete the circle of our love.*

*The flight of the years*
*The pattern of lives*
*Has put our tender love to the test*
*But instead of good-byes we hold fast to each other*
*And I believe that time will prove the rest.*

*The little houses of hope*
*I see built all around are upset when the wind starts to blow*
*Let's build upon a Rock that time cannot touch*
*And from the cradle of our love we show.*

## »Reaching Out«,

*I'm reaching out to you ,*
*and we'll reach up together,*
*and together we'll be strong!*

*With Jesus as the <u>tie that binds</u> our lives.*
*He gives us love we never knew we had.*
*Oh, the sweet love of Jesus makes us so much better*
*for each other since He taught us how to reach.*

*With Jesus as the <u>light to guide</u> our ways*
*He gives us eyes to see and understand*
*If you reach out to me while I'm reaching out to you*
*In God's will, His love will meet us there.*

*With Jesus as the <u>rock on which we stand</u>,*
*And He is the one on whom we plan our tomorrows.*
*He revives the love we thought we'd lost*
*He teaches us to count the cost-*
*Before we give it up!*

Wie gesagt: Liebe ist wie ein Löffel, manchmal wird damit gegeben und manchmal damit genommen. Aber wenn wir nach Wegen suchen, unserer Ehe zu dienen, so gibt es immer einen Überschuss an Liebe!

## Gauntt

**Cae und Eddie,**

wurden vor 30 Jahren an der Baylor Universität vom selben Klavierlehrer unterrichtet. Cae hat sich sofort in Eddie verliebt, Eddie brauchte mehr Zeit. Beide sind Berufssänger, aber in sehr verschiedenen Musikrichtungen. Eddie ist als Kammersänger am Badischen Staatstheater in Karlsruhe engagiert. Cae hat 9 Soloalben herausgegeben und hat bei unzähligen weiteren Produktionen als Pop-/Soul-Sängerin, Produzentin, Texterin und Arrangeur mitgewirkt. Cae und Eddie haben 2 Söhne, Alex und Luke, und einen Hund: Mokka, ein Shih-Tzu-Weibchen. Während der Adventszeit sind Cae und Eddie mit ihrem umjubelten Weihnachtsprogramm auf Tour (CD: Cae + Eddie Gauntt: Christmas).

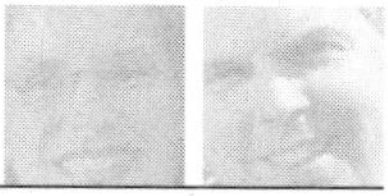

# Es gibt kein Geheimrezept!

Anja und Martin
Gundlach

**Sechs »einfache« Sätze, die unsere Ehe frisch halten. Wenn wir sie denn leben …**

Sollen wir wirklich etwas dazu schreiben, warum und wie unsere Ehe gut läuft? Um uns herum zerbrechen gerade ein paar Ehen, darunter einige, von denen wir das nie gedacht hätten. Auf der letzten Teamsitzung unserer Zeitschrift »family« haben wir festgestellt, dass diese Erfahrung fast alle Anwesenden teilten: Scheidungen gehören zum Alltag, auch unter Christen – auch unter denen, die am wenigsten »verdächtig« schienen.

Wenn wir uns nun doch äußern, dann tun wir dies eher vorsichtig, scheu. Wir wollen keine Ratschläge geben, sondern von dem erzählen, was uns die eineinhalb Jahrzehnte unserer Ehe gehalten hat, nach vorne gebracht hat.

Alte Hasen sind wir ja noch lange nicht, aber wir können heute mit gutem Gefühl sagen, dass wir uns näher sind als bei unserer Hochzeit 1992, dass unsere Freundschaft gewachsen ist und dass wir uns mehr lieben als beim Start in unser gemeinsames Leben.

Eine »Geheimformel« für eine gelingende Ehe haben wir nicht zu bieten, eher einige schlichte Sätze. Sie scheinen im ersten Moment relativ »einfach«, fast banal. Aber beim Versuch, sie zu verwirklichen, entdeckten und entdecken wir die Brisanz, den Wert, die Herausforderung und den Gewinn darin, diese einfachen Aussagen *zu leben.*

**• Zeit zu zweit ist durch nichts zu ersetzen!**

An mehreren Abenden pro Woche sitzen wir zu zweit im Wohnzimmer. Manchmal lesen wir ein wenig, meistens erzählen wir uns vom Tag, von den Kindern, von Telefonaten, die wir geführt haben, von Dingen, die uns bewegen, von Gedanken, die uns beschäftigen. Da wir beide diese Zeiten lieben, müssen wir uns dafür nicht verabreden.

Manchmal öffnen wir eine Flasche Wein, essen eine Kleinigkeit, wenn die Kinder im Bett sind (auch mal mitten in der Woche!). Das sind für uns wertvolle Zeiten. Manchmal gönnen wir sie uns auch erst nach zehn, wenn einer von seinem Abendtermin zurückkommt und der andere unsere drei Kinder ins Bett gebracht hat. Aber ein paar Minuten müssen sein.

In diesen Momenten entwickelt sich Freundschaft, hier öffnen wir unsere Herzen. Hier haben wir Zeit auch für Nebensächlichkeiten, die plötzlich zu Hauptsachen werden können.

Vielleicht hilft uns für dieses »Ritual« die Tatsache, dass wir fast unsere ganze Ehe ohne Fernseher gelebt haben. »Was, als Medienmenschen ohne Fernseher?« Die Frage hören wir oft.

Doch, das geht wunderbar mit Zeitschriften, DVDs, Internet und Radio. Wir sind da nicht dogmatisch und würden uns auch irgendwann mal wieder eine Flimmerkiste kaufen, aber bislang denken wir, dass es so für unsere Familie besser war und ist.

**• Gemeinsame Ziele finden!**

Letztes Jahr hatte ich (Martin) meinen 40. Geburtstag. Die Lebensmitte? Keine Ahnung, ich war eigentlich erst einmal froh, an diesem Punkt angekommen zu sein. Für mich (Anja) kommt die 40 nächstes Jahr. Wir merken, dass wir als Paar schon auf manches zurückschauen können. Wir sind beruflich gut eingestiegen. Wir haben ein Haus gekauft, ausgebaut, eingerichtet. Wir leben in einer Gemeinde, sind gerne dort und engagieren uns ehrenamtlich, so weit wir das schaffen. Wir sind eingebunden in ein Netz aus guten Freunden, sehen Sinn in vielem, was wir tun. Und wir leben seit zehn Jahren in der Kinderphase, inzwischen mit drei Töchtern. Die Jüngste kommt in diesem Sommer in den Kindergarten, so dass auch hier ein neuer Abschnitt beginnt.

Es ist ein schönes Leben, wir sind im Rückblick dankbar und eigentlich ganz zufrieden, vor allem, weil wir uns durch einige Jahre richtig durchbeißen mussten und gerade da Gottes Nähe sehr intensiv erfahren haben. Aber wir bemerken, dass wir (wieder) in einen neuen Abschnitt starten. Dass wir uns neue Ziele setzen wollen. Dass sich unser Miteinander neu ordnet. Anja, die in den letzten Jahren viel zu Hause war, engagiert sich wieder mehr außerhäuslich. Aber welche Projekte sind richtig? Wie viel schaffen wir? Was sind unsere Prioritäten? Was möchte Gott?

Zwischen 30 und 40 wurden uns die Aufgaben vor die Füße gelegt. Wir mussten und durften sie »einfach abarbeiten«. Jetzt müssen, wollen und dürfen wir unsere Ziele wieder stärker selbst bestimmen. Das ist manchmal schöner, andererseits oft schwieriger. Entscheidend ist für uns, dass eine Ehebeziehung etwas Dynamisches ist. Das heißt, die Paarbeziehung muss sich immer wieder neu auf andere Umstände einstellen. Sich diesem (Lebens)Prozess konstruktiv zu stellen, ist eine wunderbare und zugleich schwierige Herausforderung.

Wir sehen in unserem Umfeld manche Paare, die sich keine neuen Ziele gesetzt haben, sich hauptsächlich um ihre Kinder drehen und – überspitzt gesagt – der Rente entgegentrudeln. Das möchten wir nicht.

Stattdessen möchten wir gerne als Paar und als Familie ein Ziel, eine Vision. Wir haben uns zum Beispiel vorgenommen, Menschen zu fördern und zu begleiten. Hin zu Jesus und hin zur Entfaltung ihres Potentials. Was so groß klingt, ist oft in kleine Münze gebrochen ganz banal: ein Anruf, eine Mail, eine Spende oder eine Einladung. Uns helfen diese Ziele dabei, uns nicht nur um uns selbst zu drehen. Und wir hoffen, dass unsere Kinder, die vieles mittragen, das auch zu ihrem Lebensstil machen.

## • Die eigene Berufung leben!

Wir haben in unserer Ehe eine gemeinsame Basis: Offenheit, Treue, Ehrlichkeit, Respekt vor dem Partner und dem, was er tut. Trotzdem sind wir zwei sehr verschiedene Personen. Wir entdecken, dass wir als Paar umso stärker werden, wenn jeder mit seinen Begabungen und seiner Berufung zur Entfaltung kommt. Gerade in unserer Unterschiedlichkeit.

Paare, die einander immer ähnlicher werden und irgendwann nur noch symbiotisch auftreten, sind uns suspekt. Wir möchten das nicht, weil wir dann unsere Ehe eher als Käfig empfinden würden.

Stattdessen versuchen wir einander zu helfen, die Gaben zu leben, die wir wirklich haben.

Das kostet manchmal etwas. Dem anderen Freiraum zu geben für seine Berufung, dafür selbst zurückzustecken, das ist nicht immer leicht. Nur im gegenseitigen Geben und Nehmen kann das gelingen. Aber wir sehen es auch als Aufgabe von Gott, dass wir dem anderen helfen, ihn ermutigen und unterstützen, wenn es darum geht, seine Gaben einzusetzen. Natürlich gibt es da auch bei uns mal Reibereien. Dass einer denkt, er kommt zu kurz. Aber das sind nur Momente. Über die große Perspektive sind wir uns einig.

Das hat für uns auch etwas damit zu tun, dass wir eine partnerschaftliche Ehe leben wollen. Jeder hat seine Kompetenzbereiche. Aber es bedeutet auch, dass jeder mal schwach sein darf. Schwäche zu zeigen und sich fallen zu lassen – das mussten wir beide, von Haus aus eher »Macher«, erst lernen. Dabei haben uns Krisen in unserer Familie sehr geholfen, auch wenn wir eigentlich gerne auf sie verzichtet hätten ...



## • Krisen sind Chancen!

»Krisen sind Chancen« – manchmal wird dieser Satz leichtfertig dahingesagt, von Menschen, die neben den Betroffenen stehen und in ihrer Hilflosigkeit versuchen, Krisen oder Krankheiten zwanghaft einen Sinn zu geben. Meistens wäre es besser still zu sein.

Wir meinen, dass der Satz trotzdem richtig ist, schreiben ihn aber sehr zurückhaltend. Denn nur diejenigen, die in der Krise sind, dürfen das Positive darin (oft im Nachhinein) entdecken, die Chance, den Gewinn.

In den letzten Jahren haben wir eine Reihe von Situationen erlebt, die uns durch Krankheiten an existentielle Grenzen geführt haben. So hatten wir uns unser Leben als Familie nicht vorgestellt. Aber wir haben in diesen Zeiten eine Menge gelernt. Und die gemeinsam durchstandenen Dunkelheiten haben unsere Liebe gestärkt und vertieft. Aber wir haben auch empfunden, dass unser Gefüge als Ehe, als Familie ein brüchiges ist. Es ist ständig bedroht, auch wenn wir das nicht immer merken. Aber daneben gilt: Wir sind in der Hand Gottes! Seiner Fürsorge, seiner Geborgenheit vertrauen wir. Niemand sonst kann uns einander erhalten.

Die Erfahrungen mit Gott, die wir in diesen Zeiten gemacht haben, kann uns niemand mehr nehmen. Wir haben sie gemeinsam gemacht und sie schmieden uns aneinander.

**• Das Glück liegt nicht (nur) beim Partner!**

Gerade in den Krisenzeiten haben wir auch die Grenzen der Gemeinschaft einer Ehe erlebt. Jeder geht auf seine eigene (und für den Partner nicht immer leicht verstehbare) Art durch schwierige Zeiten. Nicht alles kann man mit dem Partner teilen, auch wenn man ihn noch so liebt.

In diesen Momenten trägt jeden sein eigenes Beziehungsnetz: zu Gott, zu Freunden und ein weites Netz an Bekanntschaften. Auch wenn wir einander vertrauen, so hat doch jeder seinen eigenen Weg, seinen eigenen Umgang mit Krankheit, Trauer oder familiären Problemen. Manchmal möchten wir den Partner, der schon sein eigenes Paket schleppt, nicht noch mit unseren Sorgen belasten. Wie gut ist es dann, einen Freund, eine Freundin jenseits der eigenen Familie zu haben! Ein sicherer Ort für all die unausgegorenen Gedanken, Ängste und Tränen!

Aber auch gemeinsame Freunde haben unsere Ehe gestärkt. Diejenigen, die mit uns durch schwierige Zeiten gegangen sind, werden wir nie vergessen. Aber auch jenseits aller Krisen: Manche sind in ihrer Ehe zehn oder zwanzig Jahre weiter und teilen ihre Erfahrungen mit uns, geben uns Tipps, helfen uns beim Erziehen unserer Kinder. Diese Beziehungen fordern uns immer wieder heraus, über uns nachzudenken. Und sie ermutigen uns weiterzumachen. Was für Geschenke!

**• Kinder binden uns zusammen!**

Wir wissen, es gibt keine hundertprozentige Garantie für eine gelingende Ehe. Aber eine »hochprozentige« Garantie, dass wir, Anja und Martin, zusammenbleiben, sind für uns unsere Kinder. Wir lieben beide unsere Kinder so sehr, dass wir uns nicht vorstellen könnten, sie zu verlassen. Wir mögen es, in dem Trubel mit unseren drei Töchtern zu leben und tun uns unheimlich schwer damit zu verstehen, dass Eltern ihre Kinder dauerhaft verlassen können.

Unsere Kinder sind unser gemeinsames Projekt, wir sehen sie als Geschenke Gottes an uns beide, die wir zumindest die nächsten eineinhalb Jahrzehnte noch intensiv begleiten dürfen.

Unsere Kinder fordern uns mehr heraus als irgendjemand sonst. Sie sehen, wie wir wirklich leben, und wir möchten ihnen Werte und einen Lebensstil vorleben, den wir heute angemessen finden. Das ist unser gemeinsames Projekt, darüber reden wir, manchmal auch mit unterschiedlichen Meinungen, aber immer mit demselben Ziel. Und diese Kinder genießen wir!

• **In zwanzig Jahren?**

Sechs Sätze, die gewachsen sind in den 16 Jahren, die wir uns nun kennen. Sie klingen im ersten Moment eher einfach. Werden wir auch in zehn oder zwanzig Jahren noch gut mit diesem Text leben können? Haben wir uns zu weit aus dem Fenster gelehnt?

Vielleicht werden wir dann ganz anders über unsere Ehe schreiben. Zumindest dürften einige Erfahrungen dazugekommen sein (hoffentlich sind wir dann Großeltern!). Vielleicht werden wir versöhnt über den Idealismus unserer »frühen Jahre« lächeln. Vielleicht aber auch manches noch viel deutlicher und radikaler formulieren?

Wir sind gespannt!

## Gundlach

**Anja** (39) ist Theologin, Autorin und Referentin und Gerne-Mutter. **Martin** (41) ist Redaktionsleiter im Bundes-Verlag, Chefredakteur von family, Herausgeber diverser Bücher und begeisterter Vater. Die beiden sind seit 1992 verheiratet und leben heute in Wetter an der Ruhr. Sie haben drei Töchter: Anna-Luise (11), Marie (9), Caroline (3).

# Die Säulen der Liebe

Karin und Thomas
**Härry**

Ein befreundetes Ehepaar hat uns zum Essen in ein Restaurant eingeladen. Als wir das Restaurant betreten, werden wir an einen besonders hübsch dekorierten Tisch geführt. Aus einer Vase lachen uns frische Blumen entgegen. Ein Briefumschlag liegt auf dem Tisch, darauf steht unser Name. Wir sind erstaunt und fragen uns, was unsere Freunde dazu bewegt, uns auf diese Weise zu überraschen. Sie schauen uns schmunzelnd an, während wir den Briefumschlag öffnen und ihre Zeilen lesen. Da steht unter anderem: »Wir wünschen euch zu eurem 15. Hochzeitstag von ganzem Herzen alles Gute und Gottes reichen Segen!« – »Hochzeitstag?«, frage ich (Thomas) erstaunt und schaue Karin irritiert an. In meinem Kopf beginne ich zu rechnen. »Ja, stimmt; heute ist unser Hochzeitstag!«, bestätigt darauf Karin, genauso erstaunt wie ich selbst. Wie schon so oft in den letzten Jahren haben wir wieder einmal unseren Hochzeitstag vergessen ...!

Wir sind also keine Helden darin, unseren Hochzeitstag zu kultivieren. Dafür gibt es ein paar andere Gewohnheiten und Werte, die wir im Lauf unserer Ehe bewusst kultiviert und in sie investiert haben. Sie bilden sozusagen die Säulen, auf der unsere Freundschaft und Liebe aufgebaut sind.

Die Säule, die unsere Liebe am stärksten trägt, ist eine *offene, unter die Oberfläche gehende Kommunikation.*

Seit Beginn unserer Beziehung haben wir das regelmäßige, in die Tiefe gehende Gespräch gesucht. Wir beherrschten diese Kunst nicht von Anfang an. Wir mussten sie einüben. Zu Beginn unserer Ehe fiel uns das noch ziemlich schwer, vor allem wenn es um heikle Themen ging. Eine ganz simple Methode erleichterte das offene Gespräch miteinander. Wir sprachen uns regelmäßig »im Dunkeln« aus. Das heißt: Wir führten bestimmte Gespräche nur abends im Bett, nachdem wir zuvor bewusst die Nachttischlampen ausgeschaltet hatten. Im Dunkeln stellten wir dann einander Fragen wie:

»Was gefällt dir an mir am meisten?«
»Was stört dich an mir am meisten?«
»Welches Verhalten von mir ist für dich ein echtes Problem?«
»Welches ist dein größter Wunsch an mich?«
»Welche sexuellen Wünsche bleiben bei dir ungestillt?«

Es half uns damals sehr, diese Themen im Dunkeln zu besprechen. So konnten wir voreinander ganz ehrlich und offen sein. Keiner von uns wurde durch die vielleicht fragenden, leicht verständnislos wirkenden Gesichtszüge des anderen verunsichert. Der Zuhörende sah nicht die roten Ohren und Wangen des gerade Sprechenden, dem das, was er da gerade preisgab, ziemlich schwer fiel oder sogar peinlich war. Während dieser Gespräche bei gelöschtem Licht haben wir einander tief in unsere Seele blicken lassen. Hier haben wir einander unsere bestgehüteten Geheimnisse anvertraut, von denen sonst kein anderer Mensch etwas wusste oder auch nur ahnte. Diese Nachtgespräche legten das Fundament zu einer offenen, ehrlichen Kommunikation, die uns in heiklen Momenten unserer Ehe bis heute eine entscheidende Hilfe sind.

Ich (Karin) kann mich zum Beispiel noch gut an die Zeit erinnern, in der ich den Eindruck bekam, in unserer Beziehung würde ein wichtiges Element fehlen: Ich vermisste eine gewisse Romantik in der Art und Weise, wie Thomas mit mir umging. Im Stillen wünschte ich mir, von ihm wieder einmal so richtig erobert zu werden. Ich sehnte mich nach dem Gefühl, die schönste, wichtigste und begehrteste Frau im Leben von Thomas zu sein. Dabei hatte ich ziemlich konkrete Vorstellungen davon, wie Thomas diese Romantik ausdrücken könnte. Es fiel mir schwer, mit Thomas darüber zu sprechen. Eigentlich war mir die Sache etwas peinlich. Ich kam mir mit meinem Wunsch vor wie ein Backfisch oder wie die schmachtenden Frauen in den Rosamunde-Pilcher-Filmen, die leicht weggetreten von ihrer einzig wahren Liebe schwärmen.

Im Geheimen unterstellte ich Thomas auch, dass er mein Bedürfnis nach mehr Romantik bestimmt wahrnahm und es gleichzeitig mit Absicht ignorierte.

Nach einigem Zögern wurde mir klar, dass es keinen Weg mehr um ein offenes Gespräch herum gab. Es kostete mich viel Überwindung, denn ich befürchtete, dass Thomas dann aus lauter Pflichtgefühl heraus versuchen würde, mir gegenüber irgendwie romantisch zu sein. Ich wünschte mir aber einen Thomas, der von Herzen und ganz von sich aus romantisch ist, mich erobert und als seine Geliebte verehrt – ohne Bedienungsanleitung meinerseits. Ich befürchtete auch, ihn mit meinem Wunsch zu verletzen und ihm das Gefühl zu vermitteln, er genüge mir nicht als Mann. Es gab also viele Gründe zu schweigen und mit meinem stillen, unausgesprochenen Wunsch weiterzuleben. Schließlich brachte ich die Sache dennoch auf den Tisch. Ich bin froh, dass ich damals meine eigenen Bedenken überwinden konnte. Entgegen meinen Befürchtungen verstand Thomas, dass es mir gar nicht um bestimmte, Romantik versprühende Aktionen ging, sondern einfach darum, hie und da ein Zeichen von ihm zu erhalten, das mir die Gewissheit gab, dass sein Herz immer noch ganz auf meiner Seite war.

Eine andere Situation zu Beginn unserer Ehe war ein wichtiger Meilenstein auf unserem Weg, gegenseitige Ehrlichkeit und Offenheit einzuüben. Damals lebten und arbeiteten wir in einer Lebensgemeinschaft, zu der auch eine Jüngerschaftsschule gehörte. Ich (Thomas) unterrichtete an dieser Jüngerschaftsschule verschiedene Fächer. Da passierte etwas, das mich völlig aus dem Konzept brachte: Ich verliebte mich in eine meiner Schülerinnen. Ihre Art und ihr Aussehen wirkten anziehend auf mich und weckten in mir Gefühle, die ich sonst nur für Karin hatte. Auf einmal gab es in mir Gedanken wie diese: »Wäre es nicht viel schöner und erfüllender, mit dieser Frau statt mit Karin verheiratet zu sein?« Das war mir sehr unangenehm und es vertrug sich überhaupt nicht mit meinen christlichen Überzeugungen. Trotzdem waren diese Gefühle und Gedanken da und setzten sich in mir fest. Vergeblich versuchte ich, sie von mir zu weisen. Es gelang mir auch nicht, sie zu unterdrücken.

Mit Karin darüber zu sprechen, war für mich zunächst überhaupt keine Option. Ich war mir sicher, dass ich sie damit zu sehr verletzen würde und befürchtete, diese Sache würde unsere noch junge Ehe in eine tiefe Krise stürzen. So setzte ich auf die Hoffnung, die Sache würde sich von selbst ordnen und meine Gefühle würden irgendwann wieder ins Lot geraten. Ich hatte mich getäuscht. Nichts dergleichen geschah. In meiner Verzweiflung nahm ich schließlich all meinen Mut zusammen und erzählte Karin, dass ich mich in diese andere Frau verliebt hatte. Ich versuchte ihr zu erklären, dass ich mich vergeblich gegen diese Gefühle wehrte, weil ich ja im Tiefsten meines Herzens unsere Ehe nicht gefährden wollte. Ich wollte nur für Karin solche Empfindungen haben, aber es gelang mir einfach nicht. Ich weiß nicht mehr im Detail, wie Karin auf mein Geständnis reagierte. Ich weiß nur noch, dass mich ihre Reaktion völlig überraschte. Sie blieb ruhig und war sehr verständnisvoll. Keines der Szenarien, die ich mir bezüglich ihrer Reaktion ausgemalt und befürchtet hatte, traf ein. Nach unserem Gespräch versprachen wir uns gegenseitig, dass wir weiterhin zueinander halten wollten. Ich selbst traf neu eine klare Entscheidung, dass es in meinem Leben nur eine Frau geben soll und dass Karin diese Frau ist. Dann beteten wir zusammen und erneuerten unseren noch jungen, verletzlichen Ehebund vor Gott.

In den nächsten Tagen verschwanden meine Gefühle für diese andere Frau vollständig und sie kehrten nicht wieder zurück. Dieses Erlebnis überzeugte mich endgültig von der befreienden Kraft der umfassenden Offenheit und Ehrlichkeit zwischen mir und Karin. Mit diesem Werkzeug war es möglich, selbst völlig verzwickte Situationen anzupacken. Hier liegt bis heute die Voraussetzung, dass es für unsere Schwierigkeiten gute, heilsame Lösungen geben kann.

Sich verletzlich machende Ehrlichkeit war und ist uns auch auf dem Gebiet der Sexualität eine entscheidende Hilfe. Auch hier fand die erste Preisgabe unserer geheimen Wünsche und Vorstellungen bei gelöschter Nachttischlampe statt. Ausführlich schilderten wir einander, was bei uns sexuelles Verlangen erregt. Wir erzählten einander, wie wir den Orgasmus erleben. Wir äußerten unsere Wünsche im Blick auf die Regelmäßigkeit und die konkrete Gestaltung unserer sexuellen Begegnung. Wir ließen dabei nichts aus und ermutigten einander immer wieder, dabei auch die Dinge in Worte zu fassen, die uns unangenehm oder peinlich waren. Dann versuchten wir, beim Sex gegenseitig unsere Wünsche ernst zu nehmen und damit zu experimentieren. Diese Offenheit ermöglicht uns bis heute ein ungezwungenes, für uns beide sehr erfüllendes Erleben unserer Sexualität.

Die Zeit der Nachtgespräche im Dunklen ist bei uns inzwischen Vergangenheit geworden. Heute besprechen wir solche Dinge auch bei eingeschaltetem Licht und am heiterhellen Tag. Heute wissen wir, dass der andere nicht die Stirne runzeln, nicht leicht fragend oder sogar angewidert das Gesicht verziehen wird, wenn wir einander unsere Geheimnisse, unsere Wünsche oder unsere Schattenseiten anvertrauen. Wir haben gelernt, einander auch unsere Schwachheiten und unser Versagen anzuvertrauen. Wir erzählen einander von den unguten Motiven, den Ängsten, verletzten Gefühlen und noch nicht ausgeheilten Wunden, die noch in uns sind. Wir lassen einander in die Neigungen hineinblicken, die noch Veränderung brauchen. Wir teilen unsere Wünsche, auch diejenigen, die nicht besonders oder nicht geistlich sind, sich aber trotzdem in uns regen. Wir tauschen uns über die Fragen und Zweifel aus, die uns begleiten und uns manchmal lähmen. Es ist befreiend, dass wir einander nichts vormachen müssen!

Es gibt eine zweite Säule, die unsere Liebe trägt und am Leben erhält: *Wir geben einander Freiräume und versuchen uns gegenseitig zu fördern.*

Beide von uns tragen in sich den Wunsch nach einer gewissen Eigenständigkeit und Unabhängigkeit. Der Gedanke, alles gemeinsam tun zu wollen und einander überall hin zu begleiten, ist uns eher fremd. Wir schätzen es, dass jeder von uns seine von ihm selbst gestalteten Freiräume hat. Diese Freiräume beleben unsere Beziehung, denn von da herkommend können wir immer wieder bewusst aufeinander zugehen, gemeinsame Zeiten erleben und uns aufeinander freuen.

Einander Freiraum zu geben fällt uns aber nicht immer leicht. So war es für mich (Karin) vor ein paar Jahren nicht einfach, Thomas grünes Licht für ein weiterführendes theologisches Studium zu geben, das für ihn mit mehrwöchigen Auslandsaufenthalten verbunden war. Während dieser Wochen war ich mit zwei kleinen Kindern völlig auf mich alleine gestellt. Einer dieser Studienaufenthalte dauerte ganze 13 Wochen. Während dieser Zeit sahen wir uns nur am Wochenende. Das hat mich an meine Grenzen gebracht. Und doch habe ich mich immer wieder (manchmal auch gegen meine Gefühle) dafür entschieden, meinen Mann zu fördern und ihm diese Weiterbildung zu ermöglichen, die ihn in seinem Dienst vorwärts brachte.

Manchmal habe ich mich darin auch überfordert – ich erinnere mich an eine Zeit, in der ich mehrere hartnäckige Hexenschüsse hatte, die uns beide daran erinnerten, dass wir unsere Prioritäten neu überdenken mussten. Einige Monate später kam Thomas selbst an seine Grenzen und geriet an den Rand eines physischen und psychischen Zusammenbruchs. So mussten wir lernen, dass gegenseitiges Freisetzen seine Grenzen hat, weil sich darin beide, der Freigesetzte und der Freisetzende, überfordern können.

Dennoch war es für mich (Thomas) ein großes Privileg, dass Karin diesen Freiraum ermöglichte. Gemeinsam nahmen wir uns vor, nach meinem Weiterstudium bewusst eine Lebensphase einzuplanen, bei der mehr Karin und ihre eigene Weiterentwicklung zum Zug kam. Sie begann eine Seelsorgeausbildung, an der sie regelmäßig am Wochenende weg war. Ich legte meine Dienste so, dass ich an diesen Wochenenden für die Kinder da sein konnte und Karin unbeschwert ihre Kurse besuchen konnte. Später, als Karin tageweise in einer Buchhandlung zu arbeiten begann, versuchte ich meine Arbeit so zu organisieren, dass ich möglichst zu Hause war, wenn die Kinder aus dem Kindergarten oder aus der Schule nach Hause kamen.

In diesem Rhythmus von gegenseitiger Freisetzung leitet uns der Grundsatz: Wir versuchen einander gegenseitig in den Gaben, Möglichkeiten und Chancen zu fördern, die Gott jedem von uns anvertraut. Es wäre unwahrhaftig, wenn wir behaupten würden, das gelänge uns immer optimal und ohne Nebengeräusche. Es kann vorkommen, dass sich bei demjenigen von uns, der gerade zurücksteckt, das Gefühl einschleicht, er komme zu kurz. Man sieht, wie der andere gerade Anerkennung bekommt, aus dem Vollen schöpft und einer geliebten Tätigkeit nachgehen kann, während man selbst gerade den weniger spektakulären Part in der Familie übernimmt. Wo immer dieses Gefühl auftaucht, heißt das für uns: Wir müssen offen darüber sprechen. Darüber hinaus thematisieren wir diese Gefühle und das oft damit verbundene Minderwertigkeitsgefühl auch mit unseren Begleitern und Seelsorgern. Und wir suchen nach Lösungen, damit unser gegenseitiges Freigeben für uns beide fair und ausgeglichen bleibt.

Es gibt eine weitere Form der Freisetzung, die unsere Wertschätzung und Liebe füreinander maßgeblich vertieft hat: Wir schenken einander gegenseitig jedes Jahr mindestens zwei freie Wochenenden. Das sind freie Zeiten, die wir bewusst nicht miteinander verbringen.

Ich (Karin) verreise an diesen Wochenenden regelmäßig mit Freundinnen in eine schöne Stadt, wo wir zusammen ein herrliches »Weiberwochenende« verbringen. Ich (Thomas) fahre ebenfalls mit Freunden weg oder ziehe mich für ein paar Stilletage zurück. Diese Gewohnheit genießen wir beide sehr. Wir gestehen uns damit ein Stück Freiheit und Eigenständigkeit zu. Wir erlauben einander, unsere eigenen Freunde zu haben und mit ihnen Qualitätszeiten zu verbringen. Damit geben wir einander Luft zum Atmen und helfen uns gegenseitig, uns nicht nur aufeinander zu fixieren.

Darüber hinaus planen wir auch bewusste Zeiten zu zweit: Ein Wochenende nur für uns allein oder ein Abend zu zweit in der Pizzeria. Auch diese Momente tun uns gut und geben uns den nötigen Freiraum für unsere Gespräche.

Unsere Ehe kennt auch *Reibungspunkte.* Zu Beginn unserer Ehe hatten wir beispielsweise ziemlich große Schwierigkeiten damit, unsere Konflikte auf eine konstruktive Art zu lösen. Ich (Thomas) neigte dazu, Karin meine Sicht der Dinge aufzuschwatzen. Dabei drängte ich sie oft in die Defensive. Karin regierte darauf sehr emotional und trat die Flucht nach vorne an, indem sie einfach den Raum verließ, in dem wir uns gerade befanden. Ich blieb dann zurück, war vor den Kopf gestoßen und völlig aufgebracht über Karins Weigerung, die minutenlangen Begründungen meines (natürlich einzig richtigen!) Standpunkts weiter anzuhören. Wir mussten lernen, unsere strittigen Themen sachlicher auszudiskutieren. Beide können wir ziemlich laut und energisch sein. Wir sind bis heute am Lernen, einander besser zuzuhören, einander nicht ins Wort zu fallen und die Gefühle des anderen in einer konkreten Konfliktsituation ernst zu nehmen.

*Unsere Glaubensbeziehung zu Jesus Christus* ist für unser gemeinsames Leben ein entscheidendes und verbindendes Element. Dennoch gab es in der Vergangenheit beim Versuch, unseren Glauben gemeinsam zu gestalten, ein paar frustrierende Momente. Ich (Thomas) erinnere mich noch gut daran, wie ich am Anfang unserer Beziehung versuchte, Karin meine Spiritualität überzustülpen. Das Resultat war frustrierend. Karin konnte und wollte die Momente der bewussten Begegnung mit Gott einfach nicht so angehen, wie ich das machte. Ich hingegen war der irrigen Überzeugung, dass die Entwicklung ihres geistlichen Lebens dann gesichert war, wenn sie genau so wie ich die Bibel meditierte, darin forschte, Begriffe und Verse analysierte und sich dazu Notizen machte. Ich musste bald etwas irritiert feststellen, dass Karins Glaube durch andere Formen bereichert wurde als mein eigener. Als ich das erkannte, entschuldigte ich mich bei Karin, denn ich hatte an diesem Punkt unguten Druck auf sie ausgeübt. Seither freue ich mich, wenn Karin auf ihre intuitive Weise Entdeckungen in der Bibel macht oder sich von einem Buch ansprechen lässt, das bei mir keinen vergleichbaren Eindruck hinterlässt.

Dass wir einander einen eigenständigen Zugang zu Gott zugestehen, bedeutet auch, dass wir nicht jeden Tag ausgedehnte Zeiten des gemeinsamen Betens und Bibellesens haben. Unseren geistlichen

Draht zueinander erhalten wir dadurch, dass wir einander regelmäßig erzählen, was wir in unseren persönlichen Stillen Zeiten erleben und welche Glaubensfragen wir innerlich gerade durchkauen. Hie und da lesen wir auch gemeinsam einen Abschnitt aus der Bibel und tauschen uns darüber aus.

Unsere Beziehung profitiert vor allem davon, dass jeder von uns seine Beziehung zu Jesus konsequent und eigenständig pflegt – auf seine Weise. Auch beim Gebet ist es so, dass wir mehr füreinander beten, als dass wir miteinander beten. Das tun wir aber konsequent und sagen es einander auch immer wieder: »Ich bete jeden Tag für dich, dass Gott dir Kraft gibt für deine Aufgaben; dass er bei dir zum Ziel kommt; dass du gelassen bleiben kannst; dass du zunimmst an innerer Stärke, Weisheit und Reife. Ich bete für dich, dass der Segen Gottes sich in dir ausbreitet und dein Leben immer mehr durchtränkt.« Das Wissen darum, dass wir einander im Alltag auf diese Weise »umbeten«, ist für uns beide wichtig und verbindet uns.

Übrigens: Wir sind gespannt, ob wir es nächstes Jahr doch noch schaffen, uns an unseren Hochzeitstag zu erinnern und ihn gebührend zu feiern. Vielleicht sorgen wir schon mal vor, indem wir unsere Freunde fragen, ob sie für einen weiteren Restaurantbesuch zu haben wären und rechtzeitig daran denken könnten, einen Tisch zu reservieren ...

## Härry-Oltmanns

**Karin**, Jahrgang 1964, aufgewachsen in Ostfriesland. Ausbildung als Einzelhandelskauffrau in der Modebranche, später theologisches Studium. Arbeitet heute als Familienfrau und im Buchhandel. Hobbys: Lesen, Theater spielen, ausgehen, Kino und Freunde. Zusammen mit Thomas 3 Töchter im Alter von 13, 11 und 7 Jahren.

## Härry

**Thomas**, Jahrgang 1965, aufgewachsen am Hallwilersee in der Schweiz. Ausbildung zum Gärtner, später theologisches Studium. Arbeitet heute als leitender Pastor einer Stadtgemeinde in Aarau und als Dozent am Theologisch-Diakonischen Seminar Aarau. Hobbys: Lesen, ein gutes Glas Wein, Natur, Joggen, Country-Musik.

# Noch einmal heiraten?!

Dorothea und Rolf
Hille

Bei unserer Silberhochzeit meinte eines unserer Kinder: »Ihr seid noch so verliebt, ihr könntet euch glatt noch einmal heiraten.« Das empfinden wir auch so. Was macht eine glückliche Ehe aus?



## • 1. Das letzte Wort haben

Böse Zungen behaupten ja, dass das Geheimnis einer glücklichen Ehe darin besteht, dass man einander verzeiht, sich gegenseitig geheiratet zu haben. In dieser Hinsicht haben wir uns nie etwas zu verzeihen gehabt. Nach 35-jähriger Ehe sind wir sehr froh, dass wir uns geheiratet haben. Das Verzeihen hat bei uns einen anderen Sitz im Leben. Der biblische Ratschlag: »Lass die Sonne nicht untergehen über deinem Zorn« ist für uns eine hilfreiche und heilsame Übung geworden. Ein Tag kann so viel beinhalten: liebevolle und zärtliche Worte, verständnisvolle und unterstützende Gesten. Aber vielleicht auch ein kurzes hartes Wort in einer hektischen Situation. Ein kritisches Wort, das dem Ganzen nicht gerecht wird. Die falsche Interpretation eines eigentlich gut gemeinten Ratschlags, der als Rat-schläger bei mir ankommt. Was auch immer: Wir nehmen nichts, was davon belastet, mit in die Nacht oder gar in den nächsten Tag. Meistens wird die Missstimmung sofort geklärt bzw. aufgeklärt. Spätestens abends – bevor die Sonne untergeht – sprechen wir darüber. Wir vergeben uns gegenseitig, weil uns von Jesus Christus vergeben wurde. Wir vergeben uns, weil wir uns lieben. Nichts – auch nicht die kleinste Verletzung, soll zwischen uns stehen. Jeder will deshalb gerne das letzte Wort haben und sagen: »Bitte verzeih mir!«

Wenn wir getrennt unterwegs sind, wird telefoniert. Oder der zu Hause Gebliebene findet einen Zettel auf dem Tisch: »Es war so früh heute Morgen beim Aufbruch. Bitte verzeih, dass ich so kurz angebunden war. Freue mich aufs Wiedersehen. Ich liebe dich.« Atmosphärisch ist das wie eine Anlage zur »Luftreinhaltung«. Jede dicke Luft wird sofort aufgelöst. Es gibt keine Altlasten, die sich über die Jahre angesammelt haben.

Wenn ich schlechte Laune habe oder mit mir selbst unzufrieden bin, entdecke ich gelegentlich Ähnlichkeiten mit Witwe Bolte bei Max und Moritz. Von ihr heißt es: »Wofür sie besonders schwärmt, wenn es wieder aufgewärmt.« Für Sauerkraut mag das ja zutreffen. Für alte Verfehlungen sicher nicht. Ich bin froh, dass mein Mann auch in solchen Situationen seinen Humor nicht verliert. Es hat sich bewährt: Liebende leben von der Vergebung.

2

## • 2. Beim ersten Wort bleiben

»Jeder, wer heiratet, ist wie der Doge, der sich mit dem Adriatischen Meer vermählt – er weiß nicht, was drin ist: Schätze, Perlen, Ungetüme, unbekannte Stürme«, meint Heinrich Heine.

An jenem stürmischen, Wolken verhangenen Dezembertag 1971 konnte uns das Wetter nichts anhaben. Wir schwebten auf Wolken. Zwei Jahre vorher hatten wir uns kennen gelernt. Diese zwei Jahre erschienen uns endlos lang, aber jetzt standen wir vor dem Traualtar. Das Versprechen »Freud und Leid miteinander zu teilen und uns treu zu sein« – genau das wollten wir im Alltag miteinander leben.

Die Stürme und Ungetüme blieben nicht aus. Nach meiner zweiten gutartigen Gehirntumoroperation ist meine Belastungsfähigkeit eingeschränkt. Die Folgen der zweiten Operation kosten Kraft. Seitdem ist mein Mann mit einer »Piratin« verheiratet. Ein Auge ist mit einem Pflaster überklebt. Ein riesiger Schatten über unserem Leben ist die Trauer um unseren geliebten Sohn, der sich in einer Psychose das Leben nahm.

Wir sehen es als Geschenk Gottes, dass uns die Stürme des Lebens nicht auseinander gebracht haben. Im Gegenteil – unsere Liebe ist immer noch gewachsen. Ihre Wurzeln reichen in die Tiefe; dort liegen sie ganz eng zusammen.

Es ist wertvoll »Schätze und Perlen« gerade in den Krisen zu entdecken. Wir brauchen uns, wenn wir immer wieder die Frage nach dem »Warum« des Elends in dieser Welt und bei uns selbst aussprechen.

Wir brauchen uns gegenseitig, um uns Mut zu machen, die Warum-Frage in die positive Richtung zu stellen: Warum waren meine Tumore gutartig? Warum können wir den Anteil unserer Schuld an der Krankheit unseres Sohns sehen, ohne einander Vorwürfe zu machen? Warum haben wir eine Adresse – nämlich das Kreuz von Golgatha –, wo wir unsere Schuld abladen können? Diese Fragen bringen uns gemeinsam in allen Krisen und Trauerprozessen zu einer tiefen Dankbarkeit gegenüber Gott. Dankbar, dass Gott uns einander geschenkt hat. Daher ist Treue eine wunderbare Sache: Ich kann dem anderen zutiefst trauen und vertrauen – in den »Hoch-Zeiten« des Lebens, aber gerade auch in den stürmischen Zeiten. Und wir können gemeinsam Gott vertrauen, auch wenn wir ihn nicht immer verstehen. Wir können einander ermutigen, an Gottes Treue festzuhalten. Wir erleben das auf großartige Weise: einmal ist es der eine, ein anderes Mal der andere, der zum »Seelsorger« in unserer Ehe wird.

Das erste Wort als Ehepaar hieß: Ja, ich will dich lieben ... Das wollen wir – je länger, desto lieber.



## • 3. Worte füreinander finden

Böse Zungen behaupten, wenn ein Mann eine Frau heiratet, ist es das schönste Kompliment, das er ihr macht, aber meistens auch sein letztes. Komplimente und Liebeserklärungen gehören bei uns jedoch zum Alltag. Das, was uns am anderen gefällt, wird ausgesprochen. Warum wir uns lieben, wird immer wieder neu in Worte gefasst. An meinem Geburtstag freue ich mich jedes Mal am meisten auf den schon zur Tradition gewordenen Brief meines Mannes. Schwarz auf weiß zu lesen, dass er mich liebt, was er mir wünscht, ist mir wichtiger als alle Geschenke. Ein Geschenk ist es, dass wir mit dem Herzen gut sehen, denn das Wesentliche ist für die Augen unsichtbar. Eine neue Frisur wird von meinem Mann nicht unbedingt wahrgenommen. Ein neues Kleidungsstück kann er schon mal übersehen. Aber er freut sich an meinen humorvollen Bemerkungen. Als ich nach meiner zweiten Operation von der Intensivstation auf die normale Station kam, machte ich eine kurze witzige Bemerkung. Es war die erste seit Tagen. Mein Mann faltete seine Hände, schaute nach oben und sagte kindlich: »Vater, ich danke dir, sie ist wieder frech.« Ich finde es toll, wenn mein Mann eine originelle Idee hat, um einen schwierigen theologischen Zusammenhang deutlich zu machen. Ich spreche das voll Bewunderung ihm gegenüber aus. Mein Mann ist begeistert von meiner kreativen Kochkunst und spart nicht mit Lob. Nach all den Jahren sind wir immer noch dabei, am anderen verborgene Schätze zu entdecken.

In vielerlei Hinsicht sind wir recht verschieden: er intellektuell, ich emotional; er systematisch, ich assoziativ; er ordentlich, ich chaotisch. In punkto chaotisch meint mein Mann immer, ich sei phantasievoll.

Wir haben das Anderssein des Partners meist so erlebt: mein eigenes Persönlichkeitsprofil wird dadurch bereichert und ergänzt. Beim Konfirmandenunterricht, den mein Mann zu halten hatte, kam ich zur ersten Viertelstunde, um mit den Jugendlichen zu singen. Bei einem meiner Vorträge über Angst sollte der erste Teil philosophisch-theologisch sein. Da hab ich einfach meinen Mann als Korrektur mitgenommen.

Wir bewundern die Andersartigkeit des anderen und sagen ihm immer wieder, wie sehr wir ihn mit seinen ganz andersartigen Gaben brauchen. Im Laufe der Jahre wurde uns aber auch das kritische Feedback des anderen immer wichtiger. Weil wir uns brutto lieben – also den ganzen Menschen –, wollen wir uns gegenseitig bei unserer Persönlichkeitsreifung helfen und uns vor Fehlern bewahren. Das geschieht aus Liebe, und deshalb ist es leicht, das kritische Feedback anzunehmen.

Ich entsinne mich an eine internationale Konferenz in England. Mein Mann hielt einen Vortrag zum Thema: »Ganzheitliche theologische Ausbildung«. Er erzählte u. a. vom Albrecht-Bengel-Haus, in dem wir seit 17 Jahren mit Theologiestudentinnen und -studenten arbeiten und wohnen. Mein Mann sagte in seinem Referat, es sei wunderbar, dass er den Studenten nicht nur in der Vorlesung und bei der Andacht begegne, sondern auch im Aufzug und in der Waschküche. Spontan rief ich dazwischen: »I never saw you in the laundry.« (Ich habe dich nie der Waschküche gesehen.) Sofort gab er unter schallendem Gelächter des Auditoriums zu, dass ich recht hatte. Er verlor noch einige Sätze über die Arbeitsteilung, die sich in unserer Ehe so ergeben hatte. Sieben Wochen später wurde ich nach meiner zweiten, nicht vorhersehbaren Operation aus dem Krankenhaus entlassen. Mein Mann und unserer jüngerer Sohn verbrachten einige Zeit eifrig in der Waschküche.

Worte füreinander finden – schmeichelhafte und lobende, bewundernde und verliebte, kritische und weiterführende ist ein Geheimnis für das Glück unserer Beziehung.

### • 4. Geheimnisse teilen

Böse Zungen behaupten: Ein Mann, der keine Geheimnisse vor seiner Frau hat, hat entweder keine Frau oder keine Geheimnisse.

Das Geheimnis unserer Beziehung ist, dass wir keine Geheimnisse voreinander haben. Natürlich sind davon die Dinge ausgenommen, die jedem Einzelnen von uns in der Seelsorge anvertraut werden. Wenn wir jedoch persönliche Geheimnisse voreinander hätten, würden wir empfinden, dass sich das wie eine trennende Wand zwischen uns schiebt. Wir teilen das Leben miteinander, indem wir uns einander mit-teilen.

Besonders in der tiefen Trauer um unseren verstorbenen Sohn gilt uns das. Auch den abgrundtiefsten Schmerz der Verzweiflung teilen wir. Der Volksmund bringt das richtig auf den Punkt: Geteiltes Leid ist halbes Leid.

Zu dem tiefsten Wunsch sich mitzuteilen gehört vor allem Hörfähigkeit. Ich schenke dem anderen mein Ohr und ungeteilte Aufmerksamkeit. Unser Tag hat nur 24 Stunden. Qualität vor Quantität ist ein wichtiges Geheimnis unserer Ehe. Dabei haben wir gemerkt, dass es oft die kleinen, unwichtigen Rechthabereien sind, die die Liebe zerstören können.

Noch ein Wort zur Sexualität, die besonders zu den Geheimnissen gelingender Partnerschaften gehört. Sie ist eine wunderbare Erfindung Gottes. An dieser Stelle halten wir es allerdings mit der Schriftstellerin Ingeborg Bachmann, die einmal treffend feststellt: »Wer die Geheimnisse des Bettes verrät, verdient die Liebe nicht!« Dem ist nichts hinzuzusetzen.

### • 5. Den blinden Fleck zum Thema machen

»Seit ich ihn gesehen, glaub ich blind zu sein, wo ich hin nur blicke, seh ich ihn allein«, so wird die Liebe lyrisch in einem Lied besungen.

Die gute Seite dieser »Blindheit der Liebe« ist es, dass ich nur Augen für meinen Mann habe. Er ist der einzig Richtige für mich. Jemand anders kommt überhaupt nicht in Frage. Blindheit infolge der Liebe kann aber auch eine gefährliche Seite haben. Wir haben das oft bei anderen Paaren festgestellt: So verschieden sie sind, an gewissen Punkten sind sie sich so ähnlich, dass sie sich auch im Blick auf ihre Schwächen gegenseitig verstärken; sind z. B. beide extrem perfektionistisch, treiben sie sich gegenseitig zu immer mehr Perfektion an, wo eigentlich Zeit für Muße nötig wäre etc.

Wir haben uns gefragt: Haben wir auch solche gemeinsamen blinden Flecken? Gibt es Dinge, bei denen wir uns gegenseitig nicht mehr korrigieren können, weil wir für unsere Fehler blind geworden sind? Auch bei diesen Fragen ist für uns das intensive Gespräch das A und O. So haben wir festgestellt, dass wir beide unheilbar spontan sind. Das gibt unserer Liebe immer wieder eine wunderbare Würze. Ich denke an unsere Entscheidung zu heiraten. Alle meinten, wir sollten unbedingt zuerst zu Ende studieren. Uns erschien das aber noch endlos lang. Und wir wollten erst dann Ehe leben, wenn wir offiziell geheiratet hatten. So haben wir unseren Hochzeitstermin kurz entschlossen vierzehn Tage vorher festgelegt. Neue berufliche Anfragen und Herausforderungen haben uns in den ersten Ehejahren sehr begeistert. So sind wir häufig umgezogen.

Eines Tages stand der Vikar unserer Gemeinde unvermittelt mit einem afrikanischen Jungen aus Eritrea vor unserer Wohnungstür. Er fragte, ob der damals Elfjährige einige Tage bei uns unterkommen könne. Wir sagten spontan zu. Germay lebte schließlich vier Jahre in unserer Familie.

Beides – die Aufnahme des Pflegekinds und die vielen Ortswechsel – haben neben vielen anderen Faktoren wie z. B. einem Geburtsschaden den Ausbruch der psychischen Krankheit unseres Sohns mit begünstigt. Spontaneität hat, wie alles im Leben, zwei Seiten. Das mussten wir immer wieder einsehen.

Bei aller Liebe wollen wir deshalb versuchen, kritisch dem anderen gegenüber zu bleiben. Dazu gehört vor allem, dass wir uns unsere gemeinsamen blinden Flecken immer neu bewusst machen. Es ist schön, dass wir viele Freunde haben. Mit einigen Paaren können wir sehr offen über diese Fragen sprechen. Gerade weil Liebe auch blind machen kann und dadurch gemeinsame blinde Flecken vertuscht werden, ist die »Fremdwahrnehmung« eine Hilfe.

Die beste Hilfe für den Alltag unserer Ehe ist uns die Wirklichkeit geworden, von der unser Trautext spricht. Dieses Bibelwort ist gleichzeitig auch unser gemeinsamer Konfirmationsspruch; natürlich hatten wir damals noch keine Ahnung davon, wie wichtig dieses Wort für unser Leben sein wird: »Gott hat uns nicht gegeben den Geist der Furcht, sondern der Kraft und der Liebe und der Besonnenheit«.
(2. Timotheus 1,7)

## Hille

**Rolf,** Jg. 1947, und **Dorothea,** Jg. 1950, sind seit 1971 verheiratet. Seit 1989 arbeiten und wohnen sie im Albrecht-Bengel-Haus in Tübingen. Sie haben 3 Kinder und 3 Enkelkinder.

# Treue zwischen Wunsch und Wirklichkeit

Ute und Thomas
Horn

## Ein Eheabend pro Woche

Meine Eltern sind für vier Tage zu Besuch. Es ist Dienstag, unser letzter gemeinsamer Abend zu viert, wenn dienstags nicht routinemäßig unser Ehe-Abend wäre. Thomas und ich haben uns gegenseitig versprochen, einen Abend pro Woche für uns und unsere Ehe zu reservieren. Das klingt einfach, ist aber in der Realität oft schwer. Ein Abend, an dem wir uns in die Augen schauen, uns erzählen, was uns momentan beschäftigt und etwas gemeinsam unternehmen. Mal fahren wir Fahrrad, mal machen wir einen Spaziergang. Meistens wählen wir als Ziel eine Burg, eine Heckenwirtschaft oder den Rhein. Manchmal gehen wir auch essen. Ute hat eine Lieblingspizzeria, in die es sie meistens zieht, während Thomas das Abenteuer, die Abwechslung und die Überraschung bevorzugt. Sein Motto: »Nie zweimal das Gleiche.«

Ehe-Abend – wie oft hat er im Streit begonnen, da wir uns nicht einigen konnten, was uns beiden gefällt. Wie oft fing er erst mit einer Stunde Verspätung an, weil wir wieder diskutierten, welche Idee die bessere sei. Doch seitdem wir »Bestimmerabende« eingeführt haben, ist es einfach. Wir dürfen immer abwechselnd den Abend gestalten, Wünsche äußern, die der andere auch erfüllt – erfüllen muss. Als wir jung und verliebt waren, haben wir so viele Dinge aus Liebe zum anderen gemacht. Thomas aß Käsefondue, weil es meine Lieblingsspeise war und erst viel später habe ich herausgefunden, dass er eigentlich gar kein Käsefondue mochte. Und ich bin mit ihm Fahrrad gefahren, obwohl es mir in dem bergigen Würzburg oft zu anstrengend war. Aber ich habe die Zähne zusammengebissen und ihn nicht merken lassen, wie viel Kraft es mich kostete. Jetzt, mittlerweile 26 Jahre verheiratet, haben wir uns daran zurückerinnert und wieder angefangen, dem anderen zuliebe unsere eigenen Bedürfnisse zurückzustellen. Thomas hat mit mir Scrabble und Kniffel gespielt und herausgefunden, dass es gar nicht so langweilig ist, wie er immer dachte und ich bekomme langsam Spaß am Fahrradfahren. Oft machte mir der Sport meines Manns keinen Spaß, weil wir unterschiedlich talentiert und trainiert sind. Thomas sauste den Skiabhang hinunter, wartete unten und beobachtete meinen Fahrstil. Unten angekommen, bekam ich gute Ratschläge und musste ohne Pause sofort weiterfahren. Er war unterfordert, ich überfordert. Ich fühlte mich wie die Bremse und Thomas war das Gaspedal. Irgendwann gab ich auf. So ging es mir mit Joggen, Segeln, Skigymnastik, Fahrradfahren und in der Muckibude. Neulich waren wir beide per Fahrrad auf dem Weg zur Eisdiele, als er rief: »Beeile dich, dann kommen wir noch bei Grün über die Ampel. Ich kenne die Ampelschaltung ganz genau, da ich hier immer zur Arbeit fahre.« Ich schmunzle über meinen Mann, der aus allem einen Wettkampf macht, während ich gar nicht die Ambition habe, möglichst schnell an der Eisdiele zu sein. Ich möchte mich mit ihm beim Fahrradfahren unterhalten, was aber natürlich nicht geht, wenn mir die Zunge aus dem Halse hängt. Mittlerweile kann ich zu mir und meiner Leistungsfähigkeit stehen und bitte ihn: »Nimm auf mich Rücksicht. Halte es aus, dass wir keine grüne Welle haben. Ich bin in dem Fall nun mal die Schwächere.«

Zurück zu dem Besuch meiner Eltern. Den ganzen Tag fühlte ich mich zwischen zwei Stühlen, zwischen meinen Eltern und meinem Mann. Kurz bevor Thomas von der Arbeit kam, traute ich mich dann, meine Eltern zu fragen, ob sie abends babysitten könnten, damit Thomas und ich alleine ausgehen könnten. Nie werde ich die spontane Antwort meiner Mutter vergessen: »Natürlich machen wir das gerne. Es gibt nichts Schöneres für Eltern, als wenn ihre Kinder glücklich verheiratet sind.« Thomas kam und fragte schon mit traurigem Unterton in der Stimme: »Na, der Ehe-Abend fällt heute sicher aus, oder?« Er konnte seinen Ohren kaum trauen, als ich sagte: »Nein, wir können gehen.« Er war tief bewegt zu erleben, dass ich unsere Bedürfnisse über die meiner Eltern gestellt hatte. An dem Abend haben wir angefangen, unsere Ehe nicht immer allen anderen Verpflichtungen zu opfern.

• **1 x Volltanken bitte**

Thomas' Liebestank wird durch Zweisamkeit gefüllt. Er möchte mich ganz für sich alleine haben. Deshalb fällt es ihm sehr schwer, wenn sich der Beginn der gemeinsamen Zeit verzögert, weil ich in seinen Augen Dinge tue, die ich auch zu einem anderen Zeitpunkt tun könnte, z. B. Telefonate mit Freunden, ausgedehnte Zubettgehzeiten der Kinder oder Hausarbeiten. Aber am schlimmsten ist es, wenn ich abends zu müde für einen Ehe-Abend bin. Dann zählt nicht, ob ich tagsüber das ganze Haus geputzt oder eine Liste mit Thomas' Wünschen abgearbeitet habe. Erst das Wissen um den Liebestank half mir, mich umzustellen. Heute werden dienstags weniger anstrengende Arbeiten erledigt wie Bügeln und Büroarbeiten, so dass ich abends fit bin.

Umgekehrt hatten wir große Auseinandersetzungen, weil Thomas meine Liebessprache der Hilfsbereitschaft nicht ernst nahm. Eines Abends kam er mit einer Rose in der Hand nach Hause, um mir zu sagen, wie lieb er mich hätte und ich zischte nur: »Die Rose kannst du dir an den Hut stecken, wenn das die Bezahlung dafür sein soll, dass du mir nicht hilfst. Ich will keine Geschenke, ich will deine Hilfe.« Ich hatte ihn schon oft gebeten, möglichst um 18.00 Uhr zu Hause zu sein, damit wir die Kinder gemeinsam zu Bett bringen könnten, doch er kam oft später. Heute war es auch wieder 19.00 Uhr. Hilfsbereitschaft lässt meine Tanknadel nach oben schnellen und bewirkt, dass ich auch die Zeit alleine mit ihm, seine Geschenke, sein Lob und seine Zärtlichkeit schätzen kann. Aber wenn ich nur eins haben könnte, würde ich die Hilfsbereitschaft wählen. Mittlerweile ist es zum festen Ritual geworden, dass Thomas den Kindern abends die Geschichte aus der Bibel vorliest und die Verantwortung dafür hat, dass alle Zähne geputzt haben und die Zahnspangen im Mund sind.

Es ist so einfach, das Herz des anderen zu erreichen, wenn wir seinen Liebestank füllen mit dem, was er versteht und braucht.

• **Sexualität, der Treueklebstoff**

Eines Tages brach es aus Thomas heraus: »Ich fühle mich von dir in meinem Mannsein verletzt, abgelehnt und abgewertet, wenn ich immer wieder um sexuelle Vereinigung werbe und bitte, es aber nicht stattfindet.« Ich war betroffen und im Nachhinein meinem Mann sehr dankbar, dass er immer wieder um die Sexualität in unserer Ehe geworben hat. Besonders in der Phase mit den vielen kleinen Kindern habe ich manchmal vergessen, dass diese Liebe ein Geschenk an uns ist. Ich habe sie mehr als Last empfunden und nicht die Einzigartigkeit darin entdeckt, die nur uns beiden gehört und ein Schutz gegen Untreue ist. Wie schwer fiel es uns am Anfang, über unsere Sexualität mit ihren Wünschen, Empfindungen und auch Verletzungen zu reden. Doch der Austausch tat gut. Viele Veränderungen wurden auch durch Bücher und Seminare angestoßen. Dabei machten wir die Erfahrung, dass Intimverkehr nicht immer gleich erlebt wird. Wenn es sehr schön war, dachten wir das Geheimnis gelüftet zu haben und waren dann ganz enttäuscht, dass die Sexualität so leicht zu irritieren ist. Hormonschwankungen während des Zyklus, Misserfolge, Krankheiten, Müdigkeit, Stress und Leid jeglicher Art hatten große Auswirkungen auf das Erleben des Intimverkehrs. Mal waren wir hinterher beide traurig oder es gefiel nur einem von uns. Wir lernten, den Enttäuschungen den richtigen Stellenwert zu geben. Wünsche ernst zu nehmen und das Gespräch nicht abreißen zu lassen, wurde für uns zum Schlüssel. Mal erfüllen wir uns das Bedürfnis nach Kuschelzeiten und Gespräch. Mal halten wir es aus, dass noch Ungeklärtes später besprochen wird. In einem vorher gewärmten und in Kerzenlicht getauchten Raum ist es besonders für mich als Frau einfacher mich fallen zu lassen. Dann brauche ich auch keine Angst vor einer Blasenentzündung zu haben, die sich früher öfters als lästige Nachwirkung einstellte und mir die Freude an der sexuellen Liebe nahm. Wir haben immer wieder Abwechslung ins Liebesspiel gebracht: mal hell, mal dunkel, mal im Bademantel, mal im Negligé, mal morgens, mal abends. Thomas wünschte mehr Regelmäßigkeit in der sexuellen Liebe und so haben wir uns gegenseitig versprochen, dass wir mindestens einmal pro Woche, an einem festgelegten Tag, eins werden wollen. Uns tut diese Absprache gut. So können wir uns darauf einstellen und Vorfreude erleben. Dabei ist es uns auch sehr wichtig, dass beide die gleiche Verhütungsmethode bejahen können. Wir haben gelernt, für den Geschlechtsverkehr zu beten. Bei manchen Wegen, die wir eingeschlagen haben, mussten wir umkehren und uns gegenseitig und Gott um Vergebung bitten.

Uns in unserer Sexualität zu bejahen, zu achten und zu lieben hat unsere Beziehung gefestigt und nach außen geschützt.

### • Treue, eine Entscheidung

Als wir noch beide als Ärzte im Krankenhaus arbeiteten, bekamen wir nur zwei Wochen gemeinsamen Urlaub. Wir wussten um unsere Verführbarkeit und wollten uns nicht in Versuchung bringen. So gaben wir uns selbst Regeln für die drei Wochen getrennten Urlaub. Thomas ging mit einer rein männlichen Crew segeln oder mit seinen Brüdern Ski fahren. Ich besuchte mein Patenkind, eine Freundin oder Verwandte.

Aber auch im normalen Alltag waren wir sensibel für die kleinen Anzeichen der Untreue. Wenn wir Kollegen oder Bekannte des anderen Geschlechts sympathisch fanden, gingen wir nicht mit ihnen alleine aus. Und trotzdem passierte es, dass man wegen eines anderen Menschen Kribbeln im Bauch hatte. Wie sollte man damit umgehen? Konnte der andere die Wahrheit ertragen? Konnte man es ihm anvertrauen? Wir haben erlebt, dass es zwar weh tut, zu spüren, dass auch unsere Ehe nicht unangreifbar ist, dass aber auf der anderen Seite Offenheit dem Verliebtsein jede Macht nimmt. Jeder glaubte dem anderen, dass er treu sein wollte und so halfen wir uns gegenseitig, dass das Verliebtsein nicht zum Ehebruch führte. »Geht das denn, ein Leben lang treu zu sein?«, fragte mich eine 14-Jährige. Wie im Film lief unsere Ehe vor mir ab. Ich dachte an die vielen Krisen in unserer Ehe. Krisen, ausgelöst durch kleine und große Enttäuschungen, Altlasten aus den Herkunftsfamilien, Krankheiten, Trauer über fehl geborene Kinder oder den Tod von nahe stehenden Personen. Manchmal schien es über die Kräfte zu gehen.

Erstaunlicherweise stürzten uns auch schöne Erlebnisse, wie die Geburt der Kinder, in Krisen, da wir lernen mussten, Ehepaar zu bleiben und Eltern zu werden. Eifersucht auf die Stärken und Erfolge des Ehepartners waren schon schwieriger als Grund für die eigene Unzufriedenheit zu entlarven.

Ohne die Entscheidung zur Treue hätte so manche Krise zum Stolperstein werden können.

## • Gott als Vorbild und Hilfe

Im 1. Korinther 10,13 steht: »Gott ist treu.« Er ist unser Vorbild und er hilft uns, auch treu zu sein. Wir sind dankbar für Gottes Hilfe in unserer Ehe. Thomas als Segler fasziniert, dass die Ehe mit einer dreifachen Schnur verglichen wird, die eine sehr große Reißfestigkeit besitzt. Prediger 4,12: »Ein Einzelner kann leicht von hinten angegriffen und niedergeschlagen werden; zwei, die zusammenhalten, wehren den Überfall ab. Und: Ein dreifaches Seil kann man kaum zerreißen.« Außerdem hilft uns Psalm 23,5: »Er deckt uns den Tisch im Angesicht unserer Feinde.« Enttäuschungen, Krankheit, Tod haben wir als Feinde erlebt. Aber es gab auch Zeiten, in denen wir uns gegenseitig als

Feinde empfunden haben. Dann haben wir uns bewusst gemacht, dass Gott den Tisch mit Liebe, Geduld, Vergebungsbereitschaft, Gelassenheit und Frieden deckt und wir haben gebetet: »Gott, wir haben keine Liebe mehr füreinander, aber du hast Liebe, bitte gib uns neue Liebe für unseren Ehepartner.« Wir durften immer wieder erleben, dass Gott treu ist und gerne neue Liebe und Vergebungsbereitschaft schenkt.

## Horn

**Thomas** wurde 1955 in Erbach, **Ute** 1954 in Jülich geboren. Nach dem Abitur und Grundwehrdienst begann er das Medizinstudium in Würzburg. Sie studierte zunächst in Aachen und Lüttich Medizin, bevor sie nach Würzburg wechselte, wo sie Thomas kennen lernte. 1979 heirateten sie, eine Entscheidung, die sie jederzeit wieder so treffen würden. Nach der Approbation promovierten sie und begannen ihre Hautarztausbildung in Krefeld. 1983 kam ihre Tochter zur Welt. Danach wurden ihnen noch vier leibliche und zwei Pflegesöhne geschenkt. Ute ist seit der Geburt des zweiten Kindes zu Hause, während Thomas als leitender Oberarzt in Krefeld arbeitet. 1982 haben sich beide auf einer Tagung des Marburger Kreises für ein Leben unter Gottes Leitung entschieden. Sie besuchten die dreimonatige Schule für Familiendienst von Jugend mit einer Mission und waren mehrere Jahre Regionalleiter von Christen im Gesundheitswesen und Team F, einer überkonfessionellen Familienarbeit. Thomas ist Ältester in einer Pfingstgemeinde und engagiert sich bei verschiedenen Gebetsinitiativen, während Ute oft zu Vorträgen und Seminaren eingeladen wird und mehrere Bücher und Zeitungsartikel geschrieben hat.

# Da ist viel von Gott drin

Vreni und Hanspeter **Nüesch**

## Nachdenkliches von unerwarteter Seite

Gemäß einer Umfrage werden in Deutschland 75 Prozent der Scheidungen von Frauen eingereicht. Was geben diese Frauen als häufigste Scheidungsgründe an?

1. Mangelnde Nähe des Mannes
2. Keine tiefe Partnerschaft
3. Dominierendes Verhalten des Mannes

Die »Tagesschau«-Moderatorin Eva Herman gibt einen großen Teil der Schuld dem überhand nehmenden Karrierestreben der Frauen. Ihr Fazit im Politikmagazin Cicero:

Die Frauen »sind im beruflichen Kampf gegen die Männer am Ende ihrer Kräfte und Ressourcen angelangt. Sie sind ausgelaugt, müde und haben wegen ihrer permanenten Überforderung nicht selten suizidale Fantasien.« Eva Herman plädiert für die traditionelle Aufteilung »Frau - Kinder, Mann - Arbeit«. Dann könne auch der Mann wieder für die Frau und die Kinder gewonnen werden. Der Mann stehe in der Schöpfung als der aktive, kraftvolle, starke und beschützende Part. Nun aber sei er vom weiblichen Karrierestreben verunsichert und könne der Frau nicht geben, was sie brauche. »Denn mit diesem Handeln, auch das ist nur logisch, lähmen wir jede starke Männlichkeit in unseren Partnern, die wir uns in der Seele sehnlichst wieder herbeiwünschen.« Zudem hätten die Kinder wegen fehlender Bemutterung deutliche Defizite, wenn sie nicht sogar verwahrlosen. Vor allem leide aber die Beziehung unter den Ehepaaren unter der überhand nehmenden Gleichmacherei zwischen Mann und Frau.

### • Die Sicht von Hanspeter

Warum liebe ich Vreni nach über dreißigjähriger Ehe? Warum habe ich auch heute noch romantische Gedanken, wenn ich an sie denke? Warum halte ich es kaum einen Tag aus ohne sie? Wenn ich ganz ehrlich bin, dann ist es doch vor allem, weil ich zumindest in gewissen Bereichen ein Held für sie bin. Nein, nein, sie vergöttert mich überhaupt nicht, sie ist meine ehrlichste und beste Kritikerin. Aber wenn sie mich nicht für diese und jene Eigenschaft bewundern würde, dann könnte ich als Mann nicht funktionieren und ihr nicht das geben, was sie braucht: Liebe, Wertschätzung, Halt, Ermutigung. Sie würde sich um mich herum nicht entfalten, weil ich selbst zu wenig Entfaltung erlebt hätte. Ich könnte ihre Gaben nicht freisetzen, weil ich selbst noch zutiefst verunsichert wäre. Im Haushalt und in der Kindererziehung mache ich ihr gegenüber immer den Zweiten. Daraus lässt sich keine Identität holen. Zum Glück muss ich das aber nicht. Ich bin in gewissen Bereichen gut und ihr Held, und sie ist in anderen Bereichen gut und meine Heldin. Das heißt nun natürlich nicht, dass ich nicht mehr in der Küche helfe und sie nicht auch Aufgaben außerhalb der Familie übernimmt. Aber wir sind keine Konkurrenten und sind dankbar für die Andersartigkeit des anderen und sagen das dem anderen auch immer wieder.

»Du bist im Loben richtig gut geworden«, sagte mir kürzlich meine Frau. Diese Aussage hat mich sehr gefreut, da ich das Loben von meinem Naturell her nicht drin habe. Als Kind erhielt ich selten ein Lob, ich hätte ja wegen zu viel Lob stolz werden können. Gott sei Dank ist diese früher weit verbreitete Ansicht überholt. Deshalb übte ich das Loben während vielen Jahren beinahe täglich: meinen Mitarbeitern gegenüber, christlichen »Konkurrenten« gegenüber und nicht zuletzt meiner Frau und meinen Kindern gegenüber. »Lieben und loben«, das ist mein Motto, nach dem ich zu leben versuche. Natürlich gelingt mir das nicht immer gleich gut, aber jedes Jahr ein bisschen besser. Als Folge kommt auch mehr Lob und Anerkennung zurück. Und das motiviert mich dann wieder, meine Nächsten zu loben und ihnen so ganz praktisch zu sagen, dass sie für mich wertvoll sind.

Das Gegenteil von Loben ist Nörgeln: »Eine nörgelnde Frau lässt sich mit einem tropfenden Dach vergleichen, durch das es ununterbrochen tropft« (Sprüche 27,15). Das trifft natürlich auch auf den Mann zu. »Freundliche Worte schenken Leben; eine betrügerische Zunge aber zerstört den Geist« (Sprüche 15,4). Aus Erfahrung wissen wir, dass unachtsame Worte die besten Beziehungen zerstören können und dass ohne regelmäßige Anerkennung niemand die Beziehung mit uns als positiv erlebt.

Vor über 30 Jahren bin ich dem einzigartigen Charme von Vreni erlegen und auch heute noch finde ich Vrenis Charme absolut einmalig. Offensichtlich habe ich eine rosarote Brille auf, denn wenn mir Vreni es nicht dann und wann sagen würde, hätte ich die Falten in ihrem Gesicht gar nicht bemerkt. Ich fühle mich pudelmunter in ihrer Nähe. Sie hat eine enorm positive und beflügelnde Wirkung auf mich. Wenn ich an sie denke, wird es mir warm ums Herz. Da muss Gott dahinter sein.

### • Die Sicht von Vreni

Warum liebe ich Hanspeter nach über 30 Jahren Ehe mehr als je zuvor? Definitiv nicht darum, weil er nun allen meinen Vorstellungen in Bezug auf einen idealen Ehepartner entspricht. Manchmal hätte ich mir jemanden gewünscht, der mehr praktisch mithilft, der mehr auf Ordentlichkeit schaut, der weniger sprunghaft ist. Kurzum: der ähnlicher ist wie ich. Aber ich bin mir nicht so sicher, ob das gut wäre. Ich bin so dankbar, dass Hanspeter so anders ist als ich, dass er mich immer wieder aus dem Mittelmaß herausholt, meine Lebensvision erweitert, mich zu neuen Schritten ansporrnt und mir so hilft, meine Gaben zu entfalten. Er ist für mich wie ein großer Schirm, unter dem ich mich geschützt entwickeln kann. Dann schätze ich an Hanspeter besonders seine Ehrlichkeit, sein echtes Bestreben, ein Mann Gottes zu sein. Manchmal sind die Fortschritte auf gewissen Bereichen wie z.B. mehr Disziplin beim Aufräumen oder beim Essen ein bisschen schwierig zu erkennen. Aber es macht HP (so nenne ich ihn) sympathisch, dass er dies auch offen zugibt und immer neu um meine Unterstützung bittet. Ich versuche ihn dann zu unterstützen, aber es hilft doch nicht immer. Aber zumindest haben sich unsere Herzen verbunden. Es ist eben so, dass man oft die weniger Perfekten mehr liebt als die Perfekten – solange sie ihren unperfekten Zustand nicht verschweigen und um unsere Hilfe bitten. Ich schätze auch an HP, dass er mir oft ein gutes Wort sagt, mich ermutigt, mir sagt, wenn ich etwas gut gemacht habe. Auch ein ehrlich gemeintes »Danke« tut einfach gut. Aber eigentlich kann ich bei allen positiven Eigenschaften von HP nicht so gut erklären, warum ich ihn liebe. Ich liebe ihn einfach! Und das von Jahr zu Jahr mehr.

**• Gemeinsame Lektionen, die uns geholfen haben**

Wir reden viel miteinander, oft mitten in der Nacht. Und wir teilen unsere Herzen mit, nicht nur Fakten. Ich fühle mich wertgeschätzt, wenn HP seine tiefsten Gefühle mit mir teilt. Ich empfinde es als ein Akt des Vertrauens, wenn HP auch seine ganz »unmännlichen« schwachen Seiten offenbart. Es ist ein Zeichen von echter Stärke, wenn wir zu unseren Schwächen stehen. Und es bringt uns einander näher.

Wir beten viel miteinander, oft mitten in der Nacht, nachdem wir miteinander gesprochen haben. So geben wir einander Anteil an dem, was uns zutiefst bewegt. Wir lassen den anderen einen Blick in unser Herz werfen. Oft erfahre ich was HP bewegt erst, wenn wir miteinander beten. Wir beten nicht nach bestimmten Zeiten oder nach einem Schema, so wie wir auch nicht miteinander reden nach bestimmten Zeiten und Schemen. Viel miteinander beten ist wahrscheinlich unser heißester Tipp für eine knusprige Ehebeziehung. Was, wenn man nicht mehr miteinander beten will? Dann kann man das zumindest Gott sagen, und schon betet man. Wenn man das dann noch gemeinsam sagt, dann betet man schon wieder zusammen.

Wir machen immer wieder interessante Dinge zusammen. So haben wir es uns zur Gewohnheit gemacht, jedes Jahr einige Tage allein als Ehepaar zu verbringen. Wir haben das schon getan, als unsere vier Kinder noch bei uns zu Hause waren. Wir sattelten beispielsweise unsere Fahrräder und fuhren los, ohne zu wissen, wo wir die nächste Nacht verbringen würden. So radelten wir einmal zu einem heruntergekommenen, alten französischen Schloss – allerdings unfreiwillig, weil das der einzige Ort war, wo nach stundenlangem Suchen und wundgescheuertem Gesäß noch ein Zimmer frei war. Welche Frauen wollen nicht dann und wann Schlossdamen sein? Oder Vreni begleitete mich über einen abschüssigen Grat in meine bevorzugte Strahlerregion und hielt mutig den Meißel, während ich mit voller Kraft mit dem Fäustel zuschlug und versuchte, meine geliebten Bergkristalle zu bergen. Ich kann mir kaum ein größeres

Zeichen der Liebe von Seiten meiner Frau vorstellen. Ich hätte ja daneben schlagen können. Und überhaupt ist das Strahlern doch mein Hobby und nicht ihres. Aber weil sie weiß, dass ich kaum etwas lieber mache, als unseren Schweizer Bergen funkelnde Juwelen zu entlocken, macht sie mit, und das von ganzem Herzen und mit beiden Händen. Deshalb kann ich auch von Herzen Amen sagen zu Sprüche 31,10.29: »Wer kann schon eine tüchtige Frau finden? Sie ist wertvoller als die kostbarsten Edelsteine ... Es gibt viele tüchtige Frauen, doch du übertriffst sie alle.«

### • Nicht nur fromme Sachen miteinander machen

Wir dürfen nicht nur fromme Sachen miteinander machen – das auch, auf jeden Fall, aber nicht nur. Auch unsere Seele und unser Körper müssen auf ihre Kosten kommen. So lieben wir es, miteinander zu tanzen, zu einem Rock n' Roll oder zu einem rassigen Ländler. Das spielt keine Rolle, außer vielleicht, dass wir bei der Volksmusik die geforderten Schritte eher hinbringen. Dazu ist es meine (Vrenis) Musik, denn ich bin im Gegensatz zu HP mit dem Brauchtum verbunden aufgewachsen. Mich freut es, dass HP meine geliebte Volksmusik nicht nur toleriert, sondern sie zu lieben begonnen hat. Manchmal spiele ich (Hanspeter) zum x-ten Mal meine Boogie-Woogie-Stücke am Klavier, und Vreni findet sie immer noch »kreativ-melodiös«, außer definitiv zu laut. Aber sie ist eben keine Boogie-Woogie-Expertin. Also spiele ich die Stücke leiser, für mich ein wenig zu leise, für sie immer noch an der obersten Grenze, was die Lautstärke betrifft. Da kommt uns Schweizern unsere Erfahrung im Kompromissemachen zugute.

Wir lieben es, zusammen Pilze zu suchen. Dabei ist das Suchen fast wichtiger als das Finden. Wir suchen oft im Frühjahr Morcheln und haben noch selten welche gefunden. Letzthin fanden wir schon in der ersten Minute unseres Ausflugs eine Morchel. Zum Glück machten wir ein Foto, denn es war der letzte Pilz, den wir an diesem Tag zu Gesicht bekamen. Aber was macht's. »Weißt du noch, als wir in Kanada an jenem Seelein einen ganzen Platz voll Morcheln fanden und du das Elchkalb mit den zwei Jungen vertriebst, das war dann echt gefährlich ... und weißt du noch, wie ...« Und nach dem Pilzsuchabenteuer putzt HP die Pilze – falls wir welche gefunden haben – und ich bereite sie zu, und gemeinsam genießen wir dann ein feines Dinner in der untergehenden Abendsonne.

• **Streiterehepaar mit einem großen Ziel**

Was für unsere Ehe sicher knusperfördernd ist, ist die Tatsache, dass wir ein klares gemeinsames Ziel haben: Wir wollen, dass es in Europa noch einmal ein starkes Wirken des Heiligen Geistes gibt und dass wir dann mitten drin sind. Wir sehnen uns mit jeder Faser danach. Wir sehnen uns danach, dass die Christen einander die Hand reichen und wir gemeinsame Sache machen. Denn nur so kann unsere Vision der Erweckung in Europa noch einmal wahr werden. Dieses große Ziel vereint uns und unsere vier Kinder, wie sonst nichts anderes uns vereinen könnte. Dieses große gemeinsame Ziel gibt uns auch die Kraft, Durststrecken durchzustehen. Manchmal verliert der eine von uns das große Ziel aus den Augen. Zum Glück gibt es dann den anderen. Manchmal hängen wir beide gleichzeitig durch. Dann nehmen wir die Hilfe unserer Geschwister in Anspruch oder besuchen eine rassige Veranstaltung, es muss ja nicht unbedingt ein Boogie-Woogie-Konzert sein, aber es kann es auch einmal. Es kann auch ein brasilianischer Gottesdienst oder ein brasilianisches Fußballmatch sein. Und für mich (Vreni) ist es vielleicht eine Worship-Veranstaltung oder eine Wanderung zusammen mit HP an einem möglichst naturbelassenen Fluss mit interessanten Pflanzen. Ich habe mich auch gefreut, dass mich HP letzthin auf den Setzlingsmarkt begleitete.

Diesen Sommer sind wir nun 30 Jahre bei *Campus für Christus.* Wir planen eine mehrtägige Wanderung in der Region des Matterhorns mit all unseren Kindern, die sich den Termin fest eingetragen haben. Da werden wir einander viel zu erzählen haben! Einer unserer Söhne wird dann direkt aus seinem mehrmonatigen Dienst in Nordafrika zu uns stoßen. Das wird für uns inspirierend sein zu hören, was er mit Jesus erlebt hat und uns als Familie wieder näher zusammenschweißen.

Wir haben uns von Anfang an als Streiterehepaar verstanden. Schon vor der Eheschließung haben uns Freunde das zugesprochen. Nun können wir uns entscheiden, ob wir gemeinsam für die Sache Gottes streiten im Bewusstsein, dass wir uns in einem täglichen geistlichen Kampf um wertvolle Menschenleben befinden, oder ob wir unsere Kraft in Streitereien gegeneinander verschwenden wollen. Es ist wie bei einem Hunderennen. Bevor die Hunde losgelassen werden, verschwenden sie ihre Energien unkontrolliert und beißen einander. Ist der Startschuss aber einmal gefallen, haben die Hunde nur noch das Ziel im Auge und machen keine Dummheiten mehr. Als Ehepaar sind wir uns bewusst, dass wir uns in einem wichtigen Rennen befinden – im wichtigsten unseres Lebens – und dass wir das Ziel nur gemeinsam erreichen können. Wenn wir Gott und einander treu bleiben, werden einmal nicht nur wir selbst den Himmel genießen können, sondern unzählige Menschen, die durch unser Leben und unseren Dienst Jesus lieb gewonnen haben und von der Abhängigkeit des Teufels und seiner Helfershelfer freigeworden sind. Als Ehepaar wollen wir mit dem Beistand des Heiligen Geistes alles daransetzen, den Himmel zu bevölkern. Dabei kommen wir selbst nicht zu kurz. Es ist eine Riesenfreude mitzuerleben, wie Menschen durch die Liebe und Kraft Gottes total verändert werden. Auf uns selbst wartet einmal ein gewaltiger Siegespreis, sagt der Apostel Paulus. Also wenn es sich da nicht lohnt, bei ehelichen Durststrecken durchzuhalten und gemeinsam zu kämpfen! Ohne Kampf kein Preis!

Manchmal kommt es vor, dass wir plötzlich unangemessene Gefühle für das andere Geschlecht empfinden. Für diesen Fall hatten wir am Anfang unserer Ehe abgemacht, dass wir solche Gedanken einander bekennen und dann gemeinsam diese Sache Gott hinlegen werden. Diese Abmachung hat mir (Hanspeter) schon zwei-, dreimal enorm geholfen, meine Gedankenwelt clean zu halten bzw. wieder ins Lot zu bringen.

Eine Ehe ist kein Hundertmeterlauf. Sie ist schon eher mit einem Marathon zu vergleichen. Alle, die schon längere Stecken gerannt sind, wissen, dass es nach einer gewissen Zeit oft eine Krise gibt. Das Ziel ist noch in weiter Ferne, man ist aber schon längere Zeit unterwegs. Da ist es gut, dass man jemanden hat, der anspornende Worte zuruft. Und zum Weiterrennen anfeuert. Wir sehen unsere Ehe als eine solche Anfeuerungsgemeinschaft: »Du schaffst es. Super, was du alles schon erledigt hast! Komm, wir schaffen zusammen auch noch den Rest dieses Buchbeitrags über unsere Ehe! Ich habe den PC schon angestellt. Was wünschst du dir anschließend zum Mittagessen? Was soll ich dir kochen?«

### • Herzensaustausch mit Gott und miteinander

Letztlich geht es um die Frage, ob ich den Ehepartner als die Person sehe, die mich glücklich zu machen hat, oder ich den Ehepartner glücklich machen will. Im zweiten Fall komme auch ich auf meine Kosten. Im ersten Fall versuche ich den anderen ständig nach meinem Geschmack zu verändern. Er wird aber nie fähig sein, mich glücklich zu machen, weil er selbst bei mir nicht auf seine Kosten gekommen ist. Damit wir aber zu Menschen werden, die fähig sind, anderen zu dienen und sie glücklich zu machen, benötigen wir die Bevollmächtigung durch den Geist der Liebe und Besonnenheit. Zwei geisterfüllte Christen garantieren noch keine geisterfüllte Ehe. Aber ohne die Hilfe des Heiligen Geistes werden wir garantiert nie das volle Potential unserer Ehe ausschöpfen. Wie gut ist es da, dass wir uns täglich an die göttliche Quelle andocken können, dass wir ungeschminkten Herzensaustausch mit unserem göttlichen Freund und drittem Partner in der Ehe pflegen können! Welch Vorrecht, in einem Klima der grundsätzlichen Annahme einander und Gott unsere Sünden bekennen zu können und Vergebung zugesprochen zu bekommen. So können wir immer wieder wie neu anfangen, als ob nie etwas geschehen wäre! Dieser ehrliche Herzensaustausch mit Gott und miteinander schweißt wie nichts anderes zusammen. Man sieht das ehrliche Bemühen des anderen und nimmt es mit immer größerer Fassung und Gelassenheit, wenn der Partner immer noch nicht perfekt ist bzw. so, wie man ihn haben will. Man ist ja selbst auch nicht perfekt und handelt auch nicht immer so, wie ein geisterfüllter Partner handeln sollte. Wir wissen, dass wir beide täglich auf die Gnade Gottes und unseres Ehepartners angewiesen sind. Wir haben vor Jahren aufgehört, den anderen verändern zu wollen. Zumindest geben wir uns Mühe in dieser Richtung, und es gelingt uns immer besser. Grundlegend verändern kann ja sowieso nur Gott. Die Folge ist, dass wir einander positiv erleben, nicht als jemand, der uns ständig mit »gut gemeinten Ratschlägen« überhäuft, sondern als Quelle der Freude und Ermutigung. Soll man für solch ein Gegenüber nicht dankbar sein? Da ist es doch ganz normal, dass man dem Ehepartner gegenüber echte und tiefe Liebe empfindet. Wir können nach über 30 Jahren Ehe sagen, dass unsere Liebe über die Jahre gewachsen ist. Warum? »There is much of God in it.« (Da ist viel von Gott drin.), sagte kürzlich eine Engländerin auf eine ähnliche Frage. So ist es! Er ist letztlich das Geheimnis unserer Ehe. Ohne unseren Vater im Himmel und die tägliche Bevollmächtigung durch den Heiligen Geist hätten wir nicht einmal eine durchschnittliche Ehe hingebracht.

## Nüesch

**Hanspeter** und **Vreni** wohnen in Boppelsen, Schweiz. Sie haben vier erwachsene Kinder.

**Hanspeter** ist ausgebildeter Ökonom, **Vreni** gelernte Kinderkrankenschwester. Seit über zwanzig Jahren leiten sie den Schweizer Zweig von Campus für Christus, welcher viele verschiedene Dienste koordiniert. Darunter fällt mit FamilyLife auch ein Dienst an Ehen und Familien. Zusammen mit den rund hundert Mitarbeiterinnen und Mitarbeitern haben sie in der Schweiz und im Ausland, von Kuba bis Nordkorea, manche Pionierdienste ins Leben gerufen. Hanspeter war verantwortlich für sechs EXPLO-Konferenzen, die zum Teil international übertragen wurden. Ihr Herzensanliegen ist es, dabei mitzuhelfen, die einzelnen Glieder des Leibes Christi zum Gebet sowie zum gemeinsamen missionarischen Dienst zu vernetzen.

# Unsere Ehe lebt und atmet Gnade

Esther und Klaus-Günter
**Pache**

## Frühe Jahre

**• 1962**

**Klaus:** Die Familie Scharnowski besucht uns mit ihren fünf Kindern. Nach dem langen Tag meint meine Mutter zu meinem Vater: »Die Esther, das wäre doch mal eine Frau für unseren Klaus, oder, Schatz?«

Mein Vater: »Frau, der Junge ist zehn!«

**• 1967**

**Esther:** In meiner Heimatgemeinde in Gelsenkirchen trifft sich einmal im Monat ein überregionaler Chor zu seiner Probestunde. Klaus Pache aus Moers ist auch dabei. Er singt im Bass mit und sitzt mir genau gegenüber. Ab und zu treffen sich unsere Blicke. Das ist irgendwie aufregend, aber er soll sich ja nichts darauf einbilden.
**Klaus:** Sie sucht den Blickkontakt. Was will sie? Mag sie mich? In den Pausen redet sie nicht einmal mit mir. Verstehe einer die Frauen.

**• 1970**

**Klaus:** Euro 70 mit Billy Graham in der Dortmunder Westfalenhalle. Esther singt im großen ›Euro70–Evangelisationschor‹ unter der Leitung von Klaus Heizmann mit. Ich weiß nur noch, wie der mit vollem Körpereinsatz dirigiert hat. Dann erinnere ich mich an einen Mann, der in die Halle marschiert kam mit einem großen Plakat, auf dem stand: »Wie lebt es sich im Luxushotel?« Das war wohl an die Adresse von Billy gerichtet.

Mich hat das alles nicht sonderlich interessiert. Zur zweiten Veranstaltung habe ich Vaters Fernglas mitgenommen und mir damit den großen Chor von der gegenüberliegenden Seite aus angeschaut. In den Reihen der Altstimmen sitzt sie, Esther. Mit hochgesteckten Haaren, in Einheitsblau. Zehn Jahre später sieht sie fünfzehn Jahre jünger aus. Bitte fragt mich nicht, worüber Bruder Graham gepredigt hat. Mich interessierte nur Esther. Ich war verliebt, hoffnungslos, wie sich bald herausstellte.

• **1970**

**Esther:** Er hat mich doch tatsächlich gefragt, ob ich mit ihm gehen will. An einem Abend auf der Jugendfreizeit in Niederndorf. Ich habe nein gesagt. Er ist ein netter Junge, aber ich will mich noch nicht festlegen. Es gibt so viele nette Jungs ...

• **1972**

**Klaus:** Ich habe sie ein zweites Mal gefragt. Sie hat wieder nein gesagt. Jetzt reicht's. Soll sie doch sehen, wo sie bleibt. Man hat ja schließlich seinen Stolz. Aber es tut so weh, ehrlich! Ich bete und hoffe, aber es hat wohl keinen Zweck. Hin und wieder treffen wir uns im Beisein ihrer Brüder. Wir reden miteinander, machen mit der Clique vieles gemeinsam, aber mehr ist nicht. Sie schreibt mir hin und wieder, aber es steht grundsätzlich immer nur ›Esther‹ unter dem Brief, nie ›deine Esther‹.

• **1973**

**Esther:** Wir fahren zu fünft in die Schweiz, um meinen ältesten Bruder zu besuchen. Zu fünft in einem VW-Käfer. Da sitzt man eng beieinander und ich sitze neben Klaus. Seine Annäherungsversuche auf der Hinfahrt ignoriere ich. Während der Tage in Basel halte ich Abstand. Auf der Heimfahrt passiert es dann. Ich merke, wie er sich um Distanz bemüht. Erst sitzt er stundenlang hinter dem Steuer, dann reserviert neben mir. Als es dunkel wird, frage ich ihn, ob ich meinen Kopf bei ihm anlehnen darf. Wenig später finden sich unsere Hände. Die Fahrt hätte viel länger dauern können ... Beim Abschied vereinbaren wir unser erstes Date.

**Klaus:** Von Anfang an war das mit uns beiden etwas Ernstes. Trotzdem gab es einen Moment, wo ich Angst bekam. Bei einem Spaziergang wurde mir plötzlich bewusst, wie sehr ich mich festgelegt hatte. Wenig später habe ich sie gefragt, ob sie meine Frau werden will. Sie hat ja gesagt. Ich liebe sie und will nur sie.

**Esther:** Der zweite Weihnachtstag. Kein Restaurant hat geöffnet. Wir verloben uns in dem alten blauen Käfer, vor dem Moerser Schloss, an einem kalten regnerischen Tag. Ich trage seinen Ring. Wir schmieden gemeinsame Pläne, planen die Hochzeit und den Umzug in die Schweiz.

### • 1974

**Klaus:** Wir heiraten am 6. Juli 1974. Einen Tag vor dem Endspiel der Fußballweltmeisterschaft. Am nächsten Tag besiegt Deutschland die Niederlande mit 2:1 im Endspiel. Wir sind Weltmeister, viel schöner, wir sind verheiratet und fahren in die Flitterwochen. Esther ist die erste Frau, mit der ich schlafe und sie ist bis heute die einzige Frau, mit der ich geschlafen habe. Ungewöhnlich, wo die Statistik mir mindestens sechs Beziehungen zuschreibt.

**Esther:** Wunderschöne Jahre in der Schweiz! Ich verdiene unseren Lebensunterhalt als Krankenschwester im Spital in Riehen und Klaus studiert an der STH Theologie. Wir wollen eigentlich noch keine Kinder, aber nach fünf Jahren kehren wir mit unseren Kindern Stefan und Miriam nach Deutschland zurück. Und ich bin wieder schwanger. Das dritte Kind ist unterwegs.

### • 1979

**Esther:** Unsere Zeit in Bremen beginnt. Klaus wird Pastor in der Paulus-Gemeinde und ist es bis heute. In den kommenden Jahren werden uns noch Daniel und zwei weitere Mädchen, Hannah und Sarah, geboren. Heute sind unsere Fünf alle verheiratet. Wir haben vier Enkelkinder und wohnen immer noch direkt neben der Kirche.

### • Gegensätze

**Klaus:** Wir sind grundverschieden – natürlich. Wohl eher unbewusst sucht man im anderen die Eigenschaften, die man bei sich selbst oft schmerzlich vermisst. Esther ist ausgeglichen, regt sich nicht so schnell auf, verschenkt sich und ist selten gekränkt. Sie liebt Jesus und hat ein großes Vertrauen. Ihr Glas ist immer halb voll, sie schläft gut und hat (fast) keine Angst. Wenn ich sie richtig verstehe – aber das kann ich selbst nach 32 Jahren Ehe nicht wirklich überzeugt sagen –, leidet sie ein wenig unter der moderaten Art ihrer Gefühle. Sie ist eine Realistin. Sie freut sich, weint nicht so schnell und verliert kaum einmal die Kontrolle über sich. Sie ist meine Frau, meine Geliebte, ein einzigartiger Glücksfall in meiner Biografie.

**Esther:** Klaus lebt von den Höhen und Tiefen des Lebens. Er kann sich so freuen, kann so begeistert sein, dass ich neidisch werde. Er erlebt die Nähe von Jesus intensiver als ich – so scheint es mir. Er liebt den Zuspruch und ist zu schnell verunsichert, wenn der Wind von vorne kommt. Er regt sich schneller mal auf, fragt viel eher, was eine Sache ihm bringt und ist leicht zu verletzen. Sein Glas ist eher halb leer. Er hat oft »Ängste« und ist ein hoffnungsvoller Romantiker, ein Genießer, der mich in diesem Punkt schon ein ganzes Stück auf seinem Weg mitgenommen hat. Heute kann ich vieles in unserem Leben kostbarer einschätzen, nicht zuletzt auch unsere Sexualität. Sie ist eher schöner und entspannter geworden.

Stichwort Schönheit: Klaus ist ein Ästhet, hat einen guten Geschmack und einen Blick für das wirklich Schöne. Er liebt die großen Gefühle, menschliche Nähe und glaubwürdige Nachfolge. Er ist ein guter Pastor. Ihn höre ich am liebsten predigen.

- **Gemeinde**

**Klaus:** Seit sechsundzwanzig Jahren sind wir in Bremen. Die Paulus-Gemeinde ist unsere erste und bisher einzige Gemeinde, in der ich als Pastor gearbeitet habe. Wir haben in all den Jahren fast immer direkt neben der Kirche gewohnt. Ein paar Schritte und wir sind in unserer Wohnung. Das hat seine Vor- und Nachteile.

Pastoren-Ehen gelten als sehr gefährdet. Wir Männer verlieren uns in den Routinen und Herausforderungen des gemeindlichen Alltags, begegnen immer wieder neuen Menschen, darunter auch genügend attraktiven Vertretern des weiblichen Geschlechts. Unsere Frauen fühlen sich vernachlässigt und mit den Kindern allein gelassen. Für alle haben wir Zeit, nur nicht für sie.

Das ist ein Klischee. Es stimmt und es stimmt nicht. Ich war viel unterwegs. Besonders die ersten Jahre waren prall gefüllt. Ich hatte wenig Zeit für die wachsende Familie, lernte aber einen Vorteil meines Berufs schätzen. Zu den gemeinsamen Mahlzeiten war ich fast immer da. Das hat mir sehr geholfen, das Größerwerden meiner Kinder nicht zu verpassen und die Last der Erziehung nicht auf meine

Frau abzuwälzen. Das gemeinsame Essen war Begegnung, Krisengipfel, Dienstbesprechung und nicht selten gab es was zu lachen.

**Esther:** Mit der vierten Schwangerschaft bin ich sehr deutlich an meine Grenzen gestoßen. Daniel, unser drittes Kind, war erst ein halbes Jahr alt und ich war mit Familie, Haushalt und Gemeinde ausgelastet. Dann wurde ich wieder schwanger und hatte dabei noch dazu ein schlechtes Gewissen meinem Mann bei seiner beruflichen Belastung noch ein Kind zuzumuten. Solche Empfindungen waren typisch für mich, besonders in dieser Zeit! Mit Hannah hat Gott uns ein weiteres wunderbares Kind geschenkt, aber ich war am Ende meiner Kraft. Ich kann mich nicht mehr an alle Einzelheiten erinnern, weiß aber, dass die Zeit zum einen mit viel Spaß und Freude verbunden war. Es war einfach schön mit unseren Kindern. Aber andererseits stand ich auch unter einem starken Druck: Die Verpflichtungen gegenüber der Gemeinde, Einladungen, Besuche, der Kindergarten, die Schule – ich denke mit Grausen an die vielen Adventsfeiern vor Weihnachten.

Darunter hat unsere Ehe gelitten. Ich hatte oft keine Lust, mit meinem Mann zu schlafen. Ich war abends einfach zu erledigt! Schuldgefühle, Tränen und Frust haben mir damals oft zu schaffen gemacht.

- **Treue**

**Esther:** Vor 32 Jahren habe ich mich entschlossen Klaus zu heiraten. Er ist mein erster und einziger Mann. Ich bin ihm treu geblieben in all den Jahren. Und daran hat kein noch so attraktiver anderer Mann etwas ändern können. Manchmal muss ich lachen, wenn Klaus auf eifersüchtig schaltet. Alte Freunde aus meiner Zeit vor unserer Ehe sind ihm suspekt. Er mag sie nicht besonders. Übrigens wiederholt sich dieses Muster auffällig bei unserem Schwiegersohn und unserer ersten Tochter. Deshalb verstehen sich Klaus und er wohl auch so gut.

Sicherlich gab es in der langen Zeit unserer Ehe Männer, deren besondere Aufmerksamkeit mir nicht unangenehm war. Aber Klaus ist mein Mann. Ich liebe ihn und er liebt mich. Das Tolle ist, dass er mich immer noch sehr attraktiv findet und das auch sagt. Auch wenn ich es nicht immer glaube – ich höre es gern!

**Klaus:** Ich wollte Esther schon vor 35 Jahren heiraten. Noch heute halte ich manchmal inne und kann nicht so recht verstehen, wie ich an sie geraten bin. In den frühen Jahren der Jugendtreffen erschien sie mir wie ein ferner Stern. Es gab genug Jungen, die ernsthaft an ihr interessiert waren. Aber sie hat mich genommen und ich liebe sie, mehr denn je.

Aber das ist nur die eine Seite. Sind mir deshalb alle anderen Frauen gleichgültig? In schwachen Momenten kann ich nicht ganz verstehen, warum die Geschichte der Männer und Frauen Gottes in der Bibel im Laufe der Jahrhunderte einen so monogamen Zug bekommen hat. Da lebt sich neutestamentliche Heiligung schon schwerer als alttestamentliche Gesetzestreue.

Ja, es gab Momente in unserer Ehe, da hat mich nur das vor bösen Schritten bewahrt, was Josef in alter Zeit so formuliert hat: »Wie sollte ich denn nun ein solch großes Übel tun und gegen Gott sündigen?« Als Pastor einer recht großen Gemeinde, als Referent auf vielen Tagungen und Festen begegnet man so vielen interessanten Menschen und Gelegenheiten. Es gab Situationen, da war das Angebot eindeutig. Bewahrt hat mich die Treue Gottes und nicht zuletzt der einfache Gedanke: So etwas könnte ich meiner Frau und meinen Kindern niemals antun. Unser Leben hinterlässt Spuren, besonders im Leben derer, denen wir Sicherheit und Vorbild sind. Was hinterlässt mein Leben für einen Eindruck? Wie sehen mich meine Kinder? Wie präge ich die Menschen in meiner Gemeinde? Integrität wird mir zu einem immer wichtigeren Wert.

Ich muss wieder an ein Bild denken, dass mir vor einiger Zeit sehr wichtig geworden ist: Wir sind mit einem großen Schiff unterwegs, überqueren das weite Meer und sehen im Heck des Schiffs die Spur, die der große Dampfer im aufgewühlten Wasser hinterlässt. Noch Stunden später sieht man genau, wo das Schiff entlanggefahren ist.

Welche Spur hinterlasse ich als Ehemann und Vater, als Pastor und Freund? Esther ist meine erste und einzige Frau. Manchmal flüstert mir eine hässliche, verständnisvolle Stimme ins Ohr, ob ich damit nicht etwas verpasse. Sicherlich, aber was ich dafür bekomme, wiegt schwerer. Nach 32 Jahren Ehe sich immer noch so geliebt zu sehen, das hat doch was – oder? Esther und ich haben Karriere gemacht, in unserer Ehe. Und das ist gut so.

## • Älter werden

**Esther:** Unsere Kinder sind verheiratet. Fünf Hochzeiten liegen hinter uns. Enkelkinder bringen in Rekordzeit unsere Wohnung durcheinander. An besonderen Tagen fallen die Familien wie die Heuschrecken bei uns ein und Klaus kommentiert das Geschehen mit einem lapidaren: »Es ist schön, wenn sie kommen – es ist aber auch schön, wenn sie wieder gehen.«

Eigentlich ist es jetzt an der Zeit, das Leben zu genießen. Niemand muss zu Hause bleiben. Wir können frei planen und ich habe mich gefreut, Klaus bei vielen seiner außergemeindlichen Termine zu begleiten. Aber dann kam alles anders. Mein Vater starb im Januar 2006 und wenig später wurde meine Mutter so krank, dass sie nicht mehr alleine leben kann. Von 1997 bis 2006 hatte ich wieder gearbeitet, als Arzthelferin in einer Praxis. Meine Arbeit musste ich aufgeben, weil Mutter ganztägig Pflege braucht und seit dem Frühjahr nun erst einmal bei uns ist. Wir können sie nicht lange allein lassen. Wenn wir abends noch ausgehen wollen, brauchen wir jemanden, der im Hause ist.

Wir haben sie zu uns genommen, weil wir ihr das versprochen hatten. Es gibt Tage, da fällt es mir leicht, diese Situation zu leben. Vier Generationen versammeln sich in Mutters Zimmer und sie freut sich über ihre Familie, auch wenn sie nicht mehr jeden erkennt oder zuordnen kann.

Aber da sind auch die Tage, wo es schwer wird. Wenn Mutter mich gar nicht erkennt und in mir nur die Krankenschwester sieht. Wenn ich nachts einige Male aufstehen muss, um nach ihr zu sehen. Wie gesagt, wir hatten gerade begonnen unsere Unabhängigkeit zu leben. Aber ich weiß, dass es so richtig ist. Mutter hat so viel in uns Kinder investiert. Jederzeit konnten unsere Kinder zu ihr kommen. Sie hat auf ihre Enkelkinder aufgepasst, sie umsorgt und bestrickt. Jetzt sind wir dran, ihr ein wenig davon zurückzugeben.

**Klaus:** Ich wollte das nicht. Fünf Kinder durch all die Jahre begleiten – das reicht doch eigentlich. Ich habe die letzte Zeit mit relativer Unabhängigkeit genossen. Mit Esther einfach rausfahren, den gemeinsamen Urlaub planen, die Wochen nach eigenen Prioritäten einteilen. Und dann kam Schwiegermutter zu uns, als Pflegefall. In einem lichten Moment fiel mir eine alte Wahrheit ein, die ich selbst oft genug gepredigt habe: »Was der Mensch sät, das wird er ernten.« Wie kann ich es an Fürsorge für Esthers Mutter fehlen lassen, ohne daran zu denken, dass ich selbst eines Tages auf Hilfe angewiesen sein werde. Gilt die Liebe Gottes nicht zuallererst den Menschen, die uns ganz nahe stehen? Also habe ich ja gesagt und es nicht bereut.

Esther und ich genießen jetzt Momente zeitlicher Freiheit wie ein Geschenk. Ein Wochenende ist wieder etwas sehr Kostbares, der gemeinsame Urlaub in Schweden ein absolutes Highlight.

Wir hinterlassen Spuren – ganz persönlich und auch als Paar. Wir wollen, dass es gute Spuren sind.

### • Gnade

**Klaus:** Wir sind beide in jungen Jahren Christen geworden. Unsere Ehe war immer auch Ehe vor Gott. Das hat uns bewahrt und getragen. Wir haben bis auf diesen Tag Gemeinde als etwas sehr Wesentliches und Schönes in unserem Leben erfahren. Das leben wir und haben versucht, es unseren Kindern glaubwürdig weiterzugeben. Christsein sollten sie als etwas Gutes und Authentisches erleben. Ich liebe Jesus und es macht mir zu schaffen, wie oft ich ein lausiger Ehemann und Vater war. Ich habe mich so manches Mal bei meinen Kindern entschuldigen müssen und an manche meiner erzieherischen Ausrutscher erinnere ich mich mit Grauen.

Ich habe mich bei Esther entschuldigen müssen – immer wieder. Vielleicht rede ich so gerne über die Gnade Gottes, weil ich sie so nötig habe. Unsere Ehe lebt und atmet Gnade.

**Esther:** Manchmal bin ich richtig wütend auf Klaus. Wir können nicht gut streiten. Stattdessen werden wir still und schmollen vor uns hin. Nach so vielen gemeinsamen Jahren verstehen wir uns blind – oder auch nicht. Nicht selten spricht er aus, was ich gerade denke – und umgekehrt. Die Jahre haben eine manchmal fast unheimliche Nähe geschaffen.

Ich würde mir noch mehr geistlichen Austausch mit Klaus wünschen, aber ich akzeptiere, dass er nach einem langen Tag, der zu einem großen Teil mit der Vorbereitung von Predigten, Andachten und Artikeln gefüllt ist, nicht mehr allzu viel Sehnsucht danach hat.

Aber immer wieder gibt es in unserer Ehe die Momente der Gnade. Da reden und reden wir, sagen uns unsere Wünsche und Vorbehalte, reden über die Menschen in der Gemeinde und beten für sie, denken an unsere Kinder und Enkel und wünschen ihnen, dass sie ihren Weg mit Gott finden und gehen und so wie wir von seiner Gnade leben.

## Pache

**Esther und Klaus-Günter,** Bremen, seit dem 28. Juni 1974 verheiratet. Fünf Kinder, die alle verheiratet sind, vier Enkelkinder

# Die kleinen Münzen der Liebe

Christine und Manfred
Siebald

Warum wir uns immer noch lieben? Wir haben das Gefühl, dass Liebe wie ein Fünfhundert-Euro-Schein ist. Mit einem solchen Schein kann man sich wohl eine Menge leisten, aber die Zeitung für den Tag kann man sich an keinem Kiosk der Welt damit kaufen. Für die vielen einzelnen Tage unserer inzwischen fast 33 gemeinsamen Jahre musste sich die Liebe in viele kleine Münzen wechseln lassen – die alle zusammen den Wert des großen Scheins ausmachen und von ihm her ihren Wert erhalten. Ein paar dieser kleinen Münzen hat Manfred noch einmal umgewechselt. Er hat Lieder darüber geschrieben – meist entstanden sie zu einem Hochzeitstag –, die darüber nachdenken, warum wir uns immer noch lieben. Anhand einer Handvoll dieser Lieder wollen wir einige Erfahrungen mit den kleinen Münzen der Liebe beschreiben.

## • Die Stärken des anderen anerkennen

Weil wir glauben, dass Gott uns beide zueinander geführt hat und uns bei aller weiterhin bestehenden individuellen Prägung zu einer neuen Gesamtperson machen wollte, glauben wir auch, dass er sich bei der Zusammenstellung unserer individuellen Gaben etwas gedacht hat. Die eigene Begabung kann jeder von uns beiden pflegen, praktizieren und weiterentwickeln. Und das Geheimnis eines glücklichen Zusammenlebens besteht nach unserer Erfahrung darin, dass wir auch die Gaben des anderen nicht nur wahrnehmen, sondern annehmen und anerkennen. Wir finden das wichtig, weil wir erlebt haben, dass wir manchmal neidisch aufeinander waren und dass solcher heimlicher Neid auf die Gaben des Partners zu kleinen Reibereien und Sticheleien des Alltags führten, die die Stimmung verdarben.

In unserer Ehe sind nicht nur die Temperamente, sondern auch die Talente höchst unterschiedlich verteilt – Christine hat nicht nur ihren medizinischen Sachverstand, ein hohes Maß an Organisationsgeschick und Sinn für Farben und Proportionen; sie hat auch den Blick dafür, wie und wann man einem anderen Menschen eine Freude machen kann. Nicht nur für Menschen, sondern auch für Pflanzen hat sie ein bemerkenswertes Händchen. Dafür hat Manfred handwerkliches Geschick, sportliche Ausdauer, sein Gespür für Sprache und Sprachbilder und seine musikalischen Fähigkeiten mitbekommen. Zum zehnten Hochzeitstag entstand ein Lied, das die langsam gelernte Freude an den Gaben des anderen feiert.

## Zärtlich sind deine Hände

Zärtlich sind deine Hände und fest, und die Blumen
sehn irgendwie froh aus, wenn du sie berührst;
denn du kennst ihre Namen und weißt, was sie brauchen,
und sie spüren die Liebe, die du für sie spürst.

Früher war ich wohl traurig, dass ich all das nicht konnte,
und beschlich mich auch manchmal so etwas wie Neid,
freun mich jetzt deine Gaben so, als wären es meine,
weil ich weiß, dass wir längst schon ein Mensch sind
zu zweit.

Du scheinst schon die Düfte zu riechen, die Farben
zu sehn, wenn du Zwiebeln und Knollen vergräbst.
Und das Spätjahr ist auch noch ein Teil deines Festes,
wenn du farbige Blätter vom Boden aufhebst.

Früher war ich wohl traurig ...

Wär mein Daumen so grün wie der deine und wüsste
ich Namen und Zeiten von Blumen und Gras,
könnt ich dir doch vielleicht dieses Lied gar nicht singen,
denn dies gibt Gott einem, dem anderen das.

Früher war ich wohl traurig, dass ich all das nicht konnte,
und beschlich mich auch manchmal so etwas wie Neid,
freun mich jetzt deine Gaben so, als wären es meine,
weil ich weiß, dass wir längst schon ein Mensch sind
zu zweit.

### • Die Schwächen miteinander teilen

Die Kehrseite der gottgewollten Gabenverteilung ist die Tatsache, dass keiner von uns beiden alles kann. Aber wie oft sind wir versucht, die eigenen Nicht- oder Minderbegabungen voreinander zu überspielen. Wie viel Energie investieren wir manchmal in das Bemühen, als die Alleskönner dazustehen, die wir gar nicht sind. Manfred zum Beispiel hat eine Rot-Grün-Schwäche (womit er zu den 8 % aller Männer gehört, die Farbsinnstörungen aufweisen). Statt die ständigen morgendlichen Unsicherheiten vor dem Kleiderschrank allein bewältigen zu wollen (und dann nur Gelächter zu ernten), hat er gelernt, zu seiner Farbschwäche zu stehen. Christine auf der anderen Seite trägt seit ihrer Jugend eine Brille und sieht ohne diese die Dinge des Lebens nur verschwommen. Auch ein solches Defizit will bejaht und eingestanden werden – wie anders könnte man sich helfen lassen?

Lieben heißt für uns, voreinander Schwächen oder Pleiten zugeben zu können, und zwar ohne Angst, dass der Partner darüber triumphiert oder daraus Kapital schlägt. Und lieben heißt, Gottes komplementäre Gabenverteilung ernst zu nehmen und zu glauben, dass er einem genau den Partner geschenkt hat, der mit seinen Stärken die eigenen Schwächen ein Stück weit ausgleichen kann.

## Immer wieder dieser Gang zu dir

Immer wieder dieser Gang zu dir am Morgen;
immer wieder diese Frage.
Immer wieder dieser Blick auf deinen Blick,
bevor ich aus der Türe tret:
Sind die Socken lila oder sind sie blau,
und passt die Hose, die ich trage,
zu dem Hemd und zu den Schuhen,
und passt die Krawatte wohl zu dem Jackett?

Von all den vielen guten Gründen, dich zu lieben,
denk ich so oft am Tag an den:
Was würd ich ohne dich nur sehn?
Wo ich nur eine Farbe seh, da siehst du sieben.

Manchmal gehn wir beide ins Museum,
um die alten Meister anzuschauen,
und dann tu ich einfach so, als säh ich alle Farben,
und dann red ich munter mit:
Welche ausdrucksvolle scharlachgrüne Wolke,
die vor dem radieschengrauen
Himmel über kupfergelbe Wälder
und zitronenbraune Wiesen zieht!

Von all den guten Gründen, dich zu lieben ...

Oft sah ich dich leise lächeln und sah
dich doch dabei niemals triumphieren.
Denn um mich zu trösten, nimmst du hin und wieder
einfach deine Brille ab,
blinzelst wie ein Maulwurf in die Ferne,
gibst mir deine Hand und lässt dich führen.
Und dann flüstern wir einander zu:
Ich bin doch richtig froh, dass ich dich hab.

In seiner Weisheit mochte Gott an dich schon denken,
als er mir meine Sinne gab,
denn was ich nicht bekommen hab,
das wollte er mir später wohl durch dich erst schenken.

- **Mut, sich durch den geliebten Menschen verändern zu lassen**

Stärken anerkennen und Schwächen miteinander teilen heißt aber nicht, sich in sein Schicksal zu ergeben und sich nicht mehr zu bewegen oder bewegen zu lassen. Als eine der verbreitetsten Häresien unserer Zeit empfinden wir die fast ausschließliche Konzentration auf die Unantastbarkeit der eigenen Persönlichkeit: »Wehe, du versuchst mich zu verändern!« Das Recht auf individuelle Eigenständigkeit der Person mag wohl in der Vergangenheit oft geleugnet, verschwiegen oder unterbetont worden sein, aber die heute fast exklusive Betonung der Selbstverwirklichung führt – so scheint es uns – zu einer Unduldsamkeit miteinander, an der viele Ehen zerbrechen.

Wer darauf beharrt, möglichst wenige Veränderungen an sich zuzulassen, wird sich gegen alles wehren, was nach Bevormundung schmeckt. Man muss sich aber nicht unbedingt selbst aufgeben – weder sein Selbstwertgefühl noch alle seine Eigenschaften, Vorlieben und Einschätzungen –, wenn man sich auf einen anderen Menschen einlässt. Und man bringt sich um viel persönliches Wachstum, um die positive Weiterentwicklung von Temperamenten und Begabungen, wenn man alle Einflussversuche des anderen als potenzielle feindliche Übernahmen abwehrt.

Als wir uns kennen lernten, wussten wir, welche Musik dem anderen gefällt, was er gerne isst, welche Filme ihm gefallen. Aber davon, wie der andere auf Kritik reagiert, Hiobsbotschaften annimmt, unausgeschlafen Stress verarbeitet oder sich einfach im Laufe der gemeinsamen Jahre verändern könnte, hatten wir kaum Ahnung. Erstaunt stellten wir nach einer Reihe von Ehejahren fest, wie wir uns gegenseitig beeinflusst und verändert hatten. Die meisten Veränderungen fanden behutsam statt, manchmal fast beiläufig, und sie waren meist völlig unbeabsichtigt.

## Mit federleichter Hand

Als wir zwei uns näher kamen, warst du wie ein Buch für mich,
und bald sahst auch du schon in meine Seiten hinein.
Doch es blieb nicht bei dem Lesen; jeder schrieb etwas von sich
an Gefühlen und an Gedanken einfach in den andern ein.

Manchmal schlag ich mich jetzt auf, und in mir steht das, was dich freut,
was dir wehtut und was dich ärgert und was dir schmeckt.
Denn ganz ohne es zu wollen, hast du still im Lauf der Zeit
meinen Blick für Dinge verändert, manche Wünsche neu geweckt.

Und mit federleichter Hand schreibst du weiter in mein Leben.
Jeden Tag kommt etwas neu dazu; staunend seh ich hin:
Seltsam, dass da so viel steht von dir und dass ich daneben
doch seit langem immer klarer spür, wer ich selber bin.

Jedes Lied klingt schöner, wenn du es singst; Farben leuchten heller an dir.
Jeder Raum scheint wärmer, in dem du gerne verweilst.
Wenn du schwärmst von einem Buch, dann wacht die Neugier auf in mir,
und viel besser schmeckt mir ein Bissen, wenn du ihn nur mit mir teilst.

Und mit federleichter Hand ...

Jeder Tag ist trüber, der dich betrübt; schwerer wiegt auf dir jede Last.
Ein Verlust ist herber, wenn du es warst, die verlor.
Eine Angst, die alle haben, wächst für mich, wenn du sie hast,
und ein böses Wort, das man dir sagt, das kommt mir viel böser vor.

Und mit federleichter Hand ...

Macht das alles mich nun ärmer? Bin ich bald schon nicht mehr ich?
Bin ich vollgeschrieben mit deiner Schrift bis zum Rand?
Nein, ich habe keine Ängste. Gott, der mich einst schrieb, und dich,
hilft ja doch uns beiden beim Schreiben und führt dir und mir die Hand.

Und mit federleichter Hand schreib du weiter in mein Leben.
Jeden Tag kommt etwas neu dazu; staunend seh ich hin:
Seltsam, dass da so viel steht von dir und dass ich daneben
doch seit langem immer klarer spür, wer ich selber bin.

• **Einander Freiraum geben**
Die Bestandsaufnahme der eigenen Gaben und Schwächen, die Beobachtung eigener Veränderungen gelingt uns eigentlich nur in den Zeiten, in denen jeder von uns ungestört über sich selbst und den Partner nachdenken kann. So paradox es klingt – das Zusammenleben lebt vom zeitweiligen Alleinsein. Abtauchen zu dürfen, um dann wieder frisch auftauchen zu können; auf stillen Wegen die Zeit zu haben, in der man sich selbst neu kennen lernt; vielleicht für ein paar Tage aus der Entfernung den Partner zu vermissen: Alles das hat sich bei uns als Lebenselixier für das Zusammenwachsen erwiesen. Für Manfred kann es die Jogging-Strecke im Wald sein, die er zweimal in der Woche zurücklegt. Und für Christine vielleicht eine Woche im Süden, in der sie allein am Strand entlang geht und über das Meer schaut. Solche freie Zeit ist für uns wichtig und nötig, um dann auch auf der gemeinsamen Strecke sicher und dankbar zu werden.

## Jeder braucht Zeit

Jeder braucht Zeit für sich allein –
um vor sich hin zu träumen,
um stumm zu sein.
Jeder braucht Zeit, um klar zu sehn,
um in sich aufzuräumen,
sich zu verstehn.

Doch dass ein Mensch nur Jahr um Jahr alleine bleibt,
und einsam wird und sonderbar durchs Leben treibt,
dass sich kein Mensch zu ihm gesellt und mit ihm lacht –
das war von Anbeginn der Welt nicht so gedacht.

Jeder braucht Zeit, um ohne Hast
an einem Schmerz zu tragen,
an einer Last.
Jeder braucht Zeit, um dann auch still
Gott nach dem Weg zu fragen
und nach dem Ziel.

Doch dass ein Mensch von früh bis spät sich selbst nur hat
und ohne Trost durchs Leben geht und ohne Rat,
dass sich kein andrer zu ihm stellt und mit ihm weint –
das war von Anbeginn der Welt nicht so gemeint.

Lass uns die Zeit im Kämmerlein
einer dem andern gönnen
für sich allein.
Und lass uns dann in Freud und Leid
teilen, so viel wir können,
von unsrer Zeit.

Denn dass ein Mensch es mit uns wagt, der uns vertraut,
der mit uns jubelt, mit uns klagt und nach uns schaut,
der mit uns hofft und mit uns bangt und mit uns grollt –
das war von Anbeginn der Welt schon so gewollt.

Und was es dann an Zeit noch gibt,
das lass uns denen geben,
die keiner liebt.
Sie brauchen uns, und eigentlich
bleibt noch ein ganzes Leben
für dich und mich.

**• Sich nicht nur aufeinander konzentrieren**

Und noch eine paradoxe Erfahrung fällt uns ein: Die Liebe zueinander hat in unserem Leben gerade davon profitiert, dass wir uns nicht immer nur aufeinander konzentriert haben. Sich in einer Art Festungsmentalität gegen die Außenwelt abzuschotten und sich daran zu freuen, dass man es so gut miteinander hat, mag eine natürliche Reaktion von Verliebten sein. Aber die Tür für andere Menschen aufzuhalten, ihre Sorgen und Freude zu teilen und sie ins eigene Leben hineinschauen zu lassen, ist uns eigentlich immer mehr Gewinn als Verlust gewesen. Im Gespräch mit Freunden wurden unsere Ängste kleiner und wurden Bedrohungen, z. B. durch Krankheiten, weniger erschreckend. Aber Freunde haben auch unseren Blick füreinander und für das, was uns Gott mit unserer Ehe schenkt, verändert. Das ehrliche Mitleiden mit anderen macht uns dankbar für das eigene augenblickliche Wohlergehen, und es ist gleichzeitig ein Heilmittel gegen alle Hochnäsigkeit, die das Glücklichsein mit sich bringen kann.

# Lass uns leise jubeln

Für Christine nach dreißig Jahren

Viele Sommer, viele Winter
haben wir durchlebt,
haben sie durchstürmt, durchhumpelt,
haben sie durchschwebt.
Nun sind wir hier angekommen,
wo wir staunend sehn:
Wir sind immer noch zusammen,
und es ist noch schön.

Lass uns leise jubeln, zärtlich feiern
und uns einfach tief im Innern freun.
Lass uns leise jubeln, langsam tanzen,
Gott für alles dankbar sein.

Können wir denn damit prahlen,
dass uns Bitternis,
Leiden oder Sterben noch nicht
auseinander riss?
Nein – wir waren lange doch
genauso liebesblind
wie die Freunde, die schon längst nicht
mehr zusammen sind.

Gut – wir haben uns bemüht
und achteten darauf,
dass ein Streit nicht bitter wurde,
gaben nicht gleich auf;
doch wir hingen, wenn im Haus
nicht alles grade lief,
immer ab vom Segen Gottes.
Der hing niemals schief.

Lass uns leise jubeln ...

Lass uns still genießen, was uns heut
der Himmel schickt,
so dass unser Jubel nicht die
Trauernden erdrückt.
Und lass unser Haus und unsre
Herzen offenstehn
für die Freunde, die nun einsam
durch ihr Leben gehn.

Lass uns leise jubeln, zärtlich feiern
und uns einfach tief im Innern freun.
Lass uns leise jubeln, langsam tanzen,
Gott für alles dankbar sein.

## Siebald

**Christine,** geb. 1948, studierte Medizin und arbeitete bis zur Geburt von Benjamin als Klinikärztin. Zurzeit nimmt sie im Ärzteteam von humedica mehrmals im Jahr an medizinischen Einsätzen in Asien, Afrika oder Südamerika teil. In der Ev. Auferstehungsgemeinde Mainz arbeitet sie im Kirchenvorstand und im ehrenamtlichen Küsterteam mit und leitet die Bücherecke.

## Siebald

**Manfred,** geb. 1948, ist seit 1973 mit ihr verheiratet, studierte Anglistik und Germanistik und ist Professor für Amerikanistik an der Johannes-Gutenberg-Universität Mainz. Seit Ende der 1960er Jahre schreibt, komponiert und singt er Lieder über den christlichen Glauben, hat 19 CDs veröffentlicht und ist in der Auferstehungsgemeinde aktiv als Prädikant und Kantoreisänger.

# Liebe ist ein Entschluss

Angelika und Hartmut
**Steeb**

»Sag mir, wo die Blumen sind ...« Sie kennen sicher diesen alten Schlager. »Sag mir, wo die Jahre sind ...«, staunen wir oft. Wir beide haben das halbe Jahrhundert hinter uns. 19 Jahre waren wir jung, als wir uns einander versprochen haben. Die Verlobungsfeier folgte schnell, bevor man über uns geredet hat. Denn dieses private »Ich liebe dich« hat doch auch immer Auswirkungen auf Freunde, die Familie, die Gemeinde, die Menschen, die um uns sind. Den 21. Geburtstag hatten wir beide schon gefeiert, als wir den Bund fürs Leben auf dem Standesamt und vor Gott geschlossen haben. Inzwischen haben wir im Blick auf unser Leben bereits zwei Drittel davon miteinander verbracht. Ja, wir wollten einander. Wir waren verliebt. Und wir sind es heute noch. Wir hatten den Wunsch, gemeinsam den Rest des Lebens miteinander zu verbringen. Und wir haben es nie bereut.

Dabei haben wir ganz unromantisch die Linien abgesteckt: Kinder ja oder nein? Welchen Stellenwert hat die Jugend- und Gemeindearbeit? Wie soll unsere Familie gestaltet sein? Ein offenes Haus! Wie wollen wir es mit den Finanzen halten? Wir haben ein gutes Motto gefunden: Der Mann ist für die Einnahmen, die Frau für die Ausgaben verantwortlich.

Nach der Hochzeit wurde es praktisch. Nach den Flitterwochen fallen ja bekanntlich so langsam die Flitter ab. Bei uns ging es schneller: wir hatten nur einen Flittertag. Wir mussten lernen, den normalen Alltag als Ehepaar, dann als Familie zu gestalten. Die Situation ändert sich ständig, der Partner verändert sich, ich verändere mich.

Eines ist klar: Miteinander auf die Lebensreise zu gehen, ist ein Wagnis und nur mit vereinten Kräften können wir das Ziel erreichen.

Wir wollten uns. Salopp könnte man sagen, wir haben uns die Suppe eingebrockt und nun gilt es, sie gemeinsam – nicht alleine – auszulöffeln, gemäß der flotten Weisheit: »Die Ehe ist dazu da, alle Probleme gemeinsam zu lösen, die man alleine gar nicht hätte.« Nicht immer hat die Suppe geschmeckt. Manchmal war sie schwer verdaulich, manchmal fade oder versalzen.

Es klingt unromantisch, aber wir sind in allerererster Linie zusammen, weil wir es uns versprochen haben. Daran wollten und wollen wir festhalten. Das ist Herzenssache, natürlich. Aber das ist noch viel mehr Kopfsache. Liebe ist nicht zuerst ein Gefühl, sondern ein Entschluss, den man wollen muss. Wäre sie von meinen Gefühlen abhängig, die manchmal Achterbahn fahren, wäre das eine schlechte Grundlage. Die Schmetterlinge im Bauch sind da nicht zuverlässig.

### • Versprochen ist versprochen!

Wir haben uns Treue versprochen. Diese ist uns hoch und heilig. Liebe ohne Treue – geht das überhaupt? Diesbezüglich ist mein Mann ganz besonders. Wenn er nach Hause kommt und mir Grüße von einer Frau mitbringt, weiß ich manchmal nicht gleich, wer sie ist. Ich frage ihn dann, wie sie aussieht, groß oder klein. Er antwortet: »Weiß ich nicht.« Ich frage weiter: blonde oder braune Haare, kurz oder länger? Er antwortet: »Weiß ich nicht.« Ich frage, ob sie eine Brille trägt, welches Alter etwa? Er antwortet fast verzweifelt, dass ich ihm immer noch nach zig Jahren solche unnötigen Fragen stelle: »Du weißt doch, dass ich die Frauen nicht so genau anschaue.« Diese Eigenart ist übrigens wirklich kein Affront gegenüber Frauen oder eine Minderschätzung von Frauen. Nein! Er baut sich seine eigenen Grenzen auf, zum Selbstschutz.

Das gilt natürlich noch viel mehr für die anonymen Versuchungen der sexualisierten Welt. Er hat sich dafür entschieden, schon den zweiten Blick zu meiden (für den ersten kann man oft nichts; ab dem zweiten ist man selbst verantwortlich) – auf die pornografischen Auslagen in den Kiosken und Tankstellenauslagen, im Fernsehen und in den Zeitungen. Auch deshalb gehen wir selten in ein Kino. Deshalb mag mein Mann auch die meisten Filme im Fernsehen nicht. Ist er prüde? Selbstbewusst sagt er: »Lieber prüde als untreu.«

Eine Kollegin fragte mich mal, ob ich mir, weil mein Mann doch so oft unterwegs wäre, nicht auch mal einen Freund nehmen würde – einfach mal so, nur einmal, ich bräuchte das ja nicht meinem Mann sagen. Ich habe zurückgefragt, ob sie meint, dass es sich lohnt, für einen solchen Moment unsere vertrauensvolle Beziehung aufs Spiel zu setzen?

Außerdem bin ich eine schlechte Schauspielerin. Ich könnte ihm nicht mehr offen in die Augen schauen und falls mir jemand »gefährlich« wird, gibt es nur eines: gleich miteinander reden. Denn natürlich gibt es immer Menschen, die das haben, was ich an meinem Partner vermisse. Aber ein Mensch kann ja sowieso nicht alles haben, was ich mir so sehr wünsche. Und wenn es ihn denn gäbe, würde er nicht zu mir passen. Ich hätte so gerne einen romantischen Ehemann gehabt, hab's ihm gesagt … und bin kurz darauf wieder zurückgerudert. Denn ich merkte bald: lieber einen echten Unromantiker als einen unechten Romantiker. Gespielte Romantik ist schrecklich.

Hartmut ist ja oft als Referent unterwegs. Aber er als dann einmal ein Seminar zum Thema halten sollte »Richtig streiten lernen in der Familie«, war er etwas ratlos. Da empfand er zu Recht, dass ihm eigentlich die Erfahrung fehle. Prompt startete er seine Ausführungen mit einem Angriff auf die Themensetzung. Denn streiten, so ist unsere Erfahrung und Beobachtung, das können die Leute schon ganz gut alleine und kräftig. Das ist nicht schwer. Viel schwieriger ist es, zu lernen, wie man Streit vermeidet und wie man sich nach einem Streit wieder versöhnt. Zugegeben, mit meinem Mann kann man nicht so richtig heftig streiten im üblichen Sinn. Diskutieren, auseinander setzen, das geht. Aber dass da mal die Tassen und Gläser fliegen, Türen knallen, die Faust auf den Tisch schlägt – Fehlanzeige. Mein Temperament geht eher in Richtung fliegende Untertassen – aber er holt mich rechtzeitig runter. Meinung gegen Meinung, kontrovers diskutieren – ja. Aber in einem Streit lässt man sich oft zu unbedachten, verletzenden Worten hinreißen, die man hinterher bitter bereut. Darum gehört es zu unseren Werte-Entscheidungen, ganz bewusst großen Streit zu vermeiden. Das heißt nicht, dass wir nie unterschiedlicher Meinung sind und es immer absolut friedlich ist. Dazu sind wir in vielen Punkten wirklich zu verschieden.

Der frühere Missionsdirektor der Liebenzeller Mission, Ernst Vatter, hat einmal sehr eindrücklich gesagt: Es gäbe bei ihnen zu Hause keinen Streit, nur die Unterscheidung zwischen kleineren, mittleren und großen Wortwechseln. Wir entscheiden uns immer wieder am liebsten für die kleineren, manchmal gibt es leider auch einen mittleren.

Im Laufe der Jahre haben wir gemerkt: wir brauchen einander. Ich brauche ihn besonders, denn sonst müsste ich mich in die Welt der Formulare, Anträge, Steuerbescheide, Nachweise ... in die Sphären der Behördenkommunikation einarbeiten. Der blanke Horror! Deshalb haben wir auch für uns beschlossen, dass er erst stirbt, wenn ich keine Formulare mehr ausfüllen muss.

Ich brauche ihn als Korrektor, Mutmacher, Zuhörer, Ratgeber, wenn mir mal wieder alles über den Kopf wächst. Bis hin zum Schreiben dieses Artikels. Aber ich brauche und will ihn auch, weil er der Vater unserer Kinder ist.

Er braucht mich. Ich halte ihm den Rücken frei für seine Arbeit, unterstütze ihn so gut ich kann. Dabei gewinne ich Einblick in seine Tätigkeit, profitiere von den vielen Begegnungen mit interessanten Menschen. Er braucht unser Zuhause, wo er sich fallen lassen kann, wo er auftanken kann – zu Hause ist. Gerne zu Hause ist. Selbst dann, wenn Chaos herrscht, ich genervt und am Ende meiner Kraft bin. Er braucht es, weil es eben unser Zuhause ist.

Wir brauchen einander. Ganz ehrlich – wir sind keine Kühlschränke oder gar Eistruhen. Zärtlichkeit, Erotik, Sexualität – für uns ist das noch mehr als die Sahne auf dem Kuchen. Die sexuelle Gemeinschaft ist die wunderbare, kreative, fantasievolle Erfindung Gottes für Frau und Mann. Wären Menschen auf diese Idee gekommen? Aber darum glauben wir ihm auch, dass sie nur in der Liebe- und Treuegemeinschaft Ehe ihren Platz hat. In dieser vertrauten, liebenden Beziehung kann sie zur Entfaltung kommen. Und wir wollen es nicht verschweigen: Auch da gilt, je länger desto schöner.

Wir sagen uns das gegenseitig. Täglich mindestens eine Liebeserklärung und sei es nur durchs Telefon, das lässt sich mein Mann nicht nehmen.

Gegenseitige Wertschätzung, Anerkennung dessen, was der andere tut – das schafft Atmosphäre. Da geht es nicht darum, wer über wem steht, wer wem was zu sagen hat, wer wen beherrscht. Meine Familientätigkeit, mein alltäglicher Kleinkram ist zwar nicht sehr medienwirksam, aber genauso wichtig wie sein Beruf.

Das schließt gegenseitiges Vertrauen mit ein. Der andere macht seine Arbeit so, wie er es kann. Vielleicht anders als ich es täte. Aber ich vertraue ihm. Und wenn die Kräfte ihn verlassen, greife ich ihm unter die Arme oder pflege ihn. Schon ein Funken Misstrauen, Zweifel ist zerstörerisch, wird er nicht gleich ausgelöscht. Miteinander reden, sich erklären hilft zum besseren Verständnis. Beleidigte Leberwürste sind fehl am Platz.

• **Rückblick und Ausblick**

Wir haben in den vergangenen einunddreißig Jahren Ehe viel miteinander und voneinander gelernt. Dass wir es gemeinsam geschafft haben, ist für uns etwas Besonderes. Wir waren bisher nie an dem Punkt angelangt, unsere Beziehung aufzugeben. Ich kann nicht künstlich irgendwelche Abgründe herbeizaubern. Vielleicht sind wir zu einfältig, zu altmodisch oder zu praktisch. Aber unsere Gemeinschaft funktioniert nur, wenn wir uns aufeinander verlassen können. Das ist durchaus Kopfsache. Man stelle sich einmal das Leben meines Mannes im Falle einer Trennung vor: bei Wasser und Brot in einer Dachkammer, wegen all der Unterhaltszahlungen! Von meinem Leben ohne ihn mag ich schon gar nicht denken. Wir leben in einer Zeit der tausenderlei Möglichkeiten und eben auch Versuchungen. Es ist gut, sich selbst zu beschränken, sich Grenzen zu setzen – um der Liebe willen.

Ich – nein wir – möchten gemeinsam dieses eine Leben, das wir haben, gestalten und nach unseren Möglichkeiten leben, – nicht nur der Kinder wegen – gut leben. Versöhnt leben. Unsere Ehe funktioniert nicht von alleine. Da müssen wir beide uns ins Zeug legen.

Unsere Beziehung ist etwas Kostbares, eine echte Symbiose von Geschenk und Ertrag der Arbeit. Das wollen wir nicht aufs Spiel setzen, ganz altmodisch ausgedrückt: Weder in Gedanken, noch Worten, noch Werken. Wir wissen ganz nüchtern: Einer wird aller Voraussicht nach einmal alleine sein. Es wäre unklug, sich nicht damit auseinander zu setzen. Und deshalb haben wir auch unsere Beerdigungen besprochen. Trotzdem: Ich mag nicht daran denken, alleine zu sein.

Johann Friedrich Flattich, ein echtes schwäbisches Original, Pfarrer und Pädagoge, hat zu seiner Frau Friederike mal gesagt: »Wenn ich dich schon habe, dann will ich dich auch gern haben.« Ein schlichtes, einfältiges, aber sehr wirkungsvolles Motto.

Auch wenn er nicht ein Adonis ist, auch wenn er schon wieder die Hemden mit aufgekrempelten Ärmeln in den Wäschekorb getan hat, wieder an einigen Plätzen in der Wohnung seine Kaffeebecher hat stehen lassen, wieder mal die Bartreste aus dem Rasierer im Waschbecken mir überlässt ... Ich will ihn gern haben.

Auch wenn ich zum wiederholten Mal den Knopf am Hemd nicht angenäht habe, wieder keine Lust auf ein Schäferstündchen habe, wieder mich in einen Wallander-Krimi vertiefe und nicht ansprechbar bin, wieder ein Kilo zugenommen habe ... will er mich gern haben.

Die Begegnung mit einem älteren Ehepaar liegt nun schon Monate zurück. Eines ist mir haften geblieben: sie streichelt zärtlich seine Wange und sagt: »Bei dir war es für mich immer gut, Frau zu sein.«

Wir wollen beieinander bleiben.

## Steeb

**Angelika und Hartmut**, verheiratet seit 1975, haben 10 Kinder und wohnen in Stuttgart. Hartmut ist Generalsekretär der Deutschen Evangelischen Allianz, Angelika ist gelernte Krankenschwester, Hausfrau und Mutter und als Referentin bei Frauenfrühstückstreffen unterwegs.

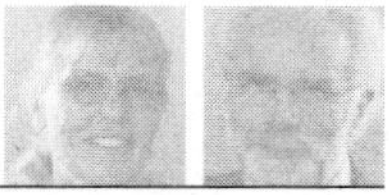

# Nach 45 Jahren: Was für ein Geschenk!

Edelgard und Peter
Strauch

Verheiratet sind wir seit 39 Jahren, aber unsere Liebe zueinander reicht weiter zurück. Im Sommer 1961 begann unsere Freundschaft bereits, wir lernten uns in einem Freizeitheim kennen. Wenn wir also darüber berichten sollen, warum wir uns immer noch lieben, müssen wir vor 45 Jahren beginnen.

**Peter:** Edelgard war Diakonische Helferin, ich Freizeitteilnehmer, als wir uns zum ersten Mal sahen. In den Monaten darauf trafen wir uns immer wieder und sprachen viel miteinander. Im Herbst 1962 ging ich zum Studium an das Theologische Seminar in Ewersbach. Schon bei der Eröffnung wurde uns eingeprägt, möglichst keine Liebesbeziehungen einzugehen. »Während des Studiums werden Sie sich verändern. Die Frau, die Sie heute lieben, wird Ihnen dann vielleicht fremd geworden sein.« Noch heute habe ich diese Worte im Ohr.

**Edelgard:** Was wir taten, um unsere junge Liebe während der Zeit des Studiums zu bewahren? Wir schrieben uns Briefe wie die Weltmeister. So nahmen wir Anteil aneinander. Klar trafen wir uns auch zwischendurch, aber das war eher selten. Die Seminarordnung war unerbittlich. Im vierten Jahr versuchte Peter sie zwar einzuschränken, aber so richtig Erfolg hatte er nicht damit. Es gab ernsthafte Schwierigkeiten mit dem Rektor des Seminars.

**Peter:** Intensiver waren da schon die Ferienzeiten, aber die waren vor allem mit Kinderfreizeiten an der holländischen Küste gefüllt. Ich war immer schon dabei, erst als Teilnehmer, dann als Mitarbeiter (mein Vater leitete die Freizeiten), nun stieg auch Edelgard als Mitarbeiterin ein. Viel Zeit für uns blieb uns nicht, mit fast 100 Kindern lief ein dichtes Programm. Diese Situation war nicht spannungsfrei, eigentlich hätten wir mehr Zeit für uns gebraucht. Heute denken wir aber, dass auch dieser Prozess für uns wichtig war.

**Edelgard:** Und noch eins gehört in diese erste Phase unserer Liebesgeschichte, das gemeinsame Beten. Das klingt einfacher als es war. Peter war in einer familiären »Gebetsstruktur« aufgewachsen und von klein auf damit vertraut. Mir dagegen war das freie Gebet eher fremd. Also mussten wir lernen, auch in diesem Bereich miteinander zu leben. Dabei brauchten wir ein gemeinsames Schritttempo, das zu finden war bei unserer unterschiedlichen familiären Prägung nicht leicht. Es gab Verletzungen und auch Tränen, aber es wurde etwas sehr Kostbares daraus. Gemeinsames Beten war und ist Ausdruck unseres gemeinsamen Lebens mit Gott. Wir vertrauten ihm unseren Weg und inzwischen auch den Weg unserer Kinder und Enkel an. Und da ehrliches Beten nur gelingt, wenn die Beziehungen stimmen, treibt es uns an, Störungen auszuräumen und uns neu zu versöhnen.

**Peter:** Als feststand, dass mein Dienst als Gemeindepastor in Hamburg beginnt, wurde uns noch keine Hochzeit »genehmigt«. Das erste Dienstjahr galt als Vikariat, und anstatt es den Absolventen selbst zu überlassen, ob sie angesichts eines sich anschließenden Wohnortwechsels heiraten wollten, galt auch hier ein absolutes Verbot. Relativ schnell stand fest, dass die Saseler Gemeinde mich als Pastor berufen wollte, deshalb schrieb ich an die Bundesleitung und bat um die Genehmigung zur Heirat, hatte aber zunächst damit keinen Erfolg. Wir waren es leid, in verschiedenen Städten zu leben, außerdem lagen unsere Wohnorte jetzt 400 km voneinander entfernt. So zog auch Edelgard im September 1966 in die Hansestadt und begann eine Ausbildung am baptistischen Jugendseminar. Einige Monate später fanden wir eine kleine Wohnung, aber immer noch wurde uns das gemeinsame Leben verwehrt. So musste ich jeweils abends aufbrechen, um als Untermieter mein kleines Appartement aufzusuchen.

**Edelgard:** Wir unterhielten also zwei Wohnungen, das ging ins Geld. Nein, spannungslos war diese Zeit des Wartens nicht, da staute sich Frust an. Peter stand in der Gefahr, manches auf sich zu beziehen, das lange Warten, das Unverständnis meiner früheren Arbeitskolleginnen, die nicht begriffen, dass mein Freund mich über Jahre hinhielt. Hinzu kam der Erklärungszwang bei Nachbarn und in der Gemeinde. Man mag eine 6-jährige Wartezeit vor der Ehe für einen guten Härtetest halten, aber wir sind nicht von seiner Qualität überzeugt. Zwar hat unsere Liebe keinen Schaden genommen, aber einige unserer Freunde aus der Seminarzeit haben das anders erlebt.

**Peter:** 1967 heirateten wir, 6 Jahre nachdem unsere Beziehung begonnen hatte. Unsere Briefe füllten inzwischen zwei stattliche Kartons. Heute bedauern wir, dass sie nicht mehr existieren. Wir haben sie voreilig »entsorgt«, als unsere Kinder anfingen, Briefträger zu spielen und wir befürchten mussten, sie würden die Nachbarschaft damit erfreuen. An den 7-jährigen Gemeindedienst in Hamburg-Sasel denken wir mit großer Freude zurück. Es war eine gute gemeinsame Zeit. Wir wohnten unmittelbar über den Gemeinderäumen und konnten vieles miteinander teilen: Gästegottesdienste, Wochenkinderstunden, den Ehepaarkreis und die wachsende evangelistische Chorarbeit.

**Edelgard:** Aber es waren auch unsere ersten Ehejahre. Nach Jahren des Wartens hatte die Realität eines gemeinsamen Lebens begonnen. Dabei wurden wir, obwohl wir uns so lange kannten, mit unseren Eigenarten konfrontiert. Peter stand in der Gefahr, sich in Gesprächen darüber zu verschließen, manchmal trat er die Flucht an, verschwand einfach für ein paar Stunden. Erst danach wurde das offene Gespräch möglich. Wir sprachen uns aus, versöhnten uns und klärten, was wir in Zukunft anders und besser machen wollten. So fanden wir jeweils wieder zueinander, danach war die Gemeinschaft besser als zuvor. Das klingt heute so abgeklärt, damals haben wir es anders empfunden. Aber zu lernen, den Schwierigkeiten unserer Ehe nicht auszuweichen, das hat unsere Liebe reifen lassen. Vermutlich gibt es kein Wachstum in der Ehe ohne Wachstumsschmerzen. In der Hamburger Zeit wurden auch unsere Töchter Christina und Kerstin geboren.

**Peter:** Zu einem wirklichen Einschnitt in unseren Lebensrhythmus kam es 1973, als wir aufgrund meiner neuen Berufung als Leiter der Jugendarbeit des Bundes Freier evangelischer Gemeinden nach Witten zogen. Unsere Kinder waren inzwischen 5 und 3 Jahre alt. Die meiste Zeit war ich damals zu Jugendwochen, Schulungen, Freizeiten und Evangelisationen unterwegs. Es war die Zeit der Jesus-Bewegung, an vielen Orten im Land brach neues Leben auf. Seit dem Christival 1976 weitete sich meine Arbeit auch außerhalb der Freien evangelischen Gemeinden aus.

**Edelgard:** Nicht der neue Wohnort war das Problem, sondern ein Leben, das sich immer schwerer aufeinander abstimmen ließ. Das änderte sich auch in den folgenden Jahren nicht: 10 Jahre Bundesjugendleiter, 8 Jahre Bundessekretär, seit 15 Jahren Präses. Zwar wurden wir bei Peters Reisen oft als Familie mit eingeladen, aber wir hatten von Anfang an entschieden, in der Wittener Gemeinde zu Hause zu sein. Unsere Kinder sollten wissen, wohin sie gehören. Ich brachte meine Begabungen im Chor, in der Kinderarbeit und später in der Gemeindeleitung ein. Hatten wir in Sasel noch an eine gemeinsame Berufung geglaubt, so wurde es in Witten immer schwerer, sie mit Leben zu füllen.

**Peter:** Was uns während dieser Zeit geholfen hat? Miteinander reden und immer wieder reden; nicht routiniert und oberflächlich, sondern ehrlich und echt. Da kam zur Sprache, was uns wirklich berührt und bewegt. Nein, wir setzten uns nicht hin, schalteten um und es machte Klick. Vielmehr halfen uns Spaziergänge in möglichst ungestörter Umgebung.

**Edelgard:** Deshalb wurde auch Schweden unser bevorzugtes Urlaubsland. Dort wurde Peter kaum von »Bekannten« auf der Straße angesprochen, was in Deutschland öfters geschah. Außerdem fanden wir es leichter, unterwegs miteinander zu reden, als uns gegenüber zu sitzen und uns vorzunehmen: jetzt reden wir. Das ist übrigens auch noch heute so, aber inzwischen »walken« wir.

**Peter:** In den Gesprächen zeigt sich auch, dass es bei aller Unterschiedlichkeit unseres Lebens immer noch eine **gemeinsame** Berufung gibt. Edelgard hilft mir, auf dem Teppich zu bleiben. Sie ist für mich die wichtigste Ermutigung und Korrektur zugleich. Außerdem »erdet« sie mich. Edelgard hat ein Gespür für falsche Töne, Lobhudeleien und auch für Frauen, die Seelsorge suchen und doch etwas anderes meinen.

**Edelgard:** In Witten begriffen wir schnell, dass ein kontinuierliches Wochenprogramm mit einem regulären Ruhetag kaum möglich ist. Da halfen uns kleine Inseln im Alltagsgeschäft: ein gutes Essen, ein Ausflug, ein Kino- oder Theaterbesuch. Auch das haben wir bis heute beibehalten.

**Peter:** Irgendwann Ende der 70er Jahre begannen wir mit Eheseminaren. Mein Bruder und seine Frau wünschten sich unsere Mitarbeit, und wir willigten gerne ein. Allerdings haben wir nicht geahnt, was das konkret für uns heißt. Ich war auf einer Bundesleitungs-Klausur in Norddeutschland, als Edelgard plötzlich weinend anrief. Bei der Vorbereitung auf das Seminar war ihr aufgefallen, dass in unserer Ehe etwas nicht in Ordnung ist. Ich reagierte ziemlich erschüttert, verließ spontan die Sitzung und machte mich auf den Weg nach Hause. Diesmal wurde es ein besonders langer Spaziergang. Bevor wir das Eheseminar mit anderen Paaren durchführten, kam es zu einem exklusiven Eheseminar – nur für uns. Da musste einiges geordnet, ja auch voreinander bekannt werden. Dann erst waren wir bereit für die anderen.

**Edelgard:** Es gab auch tief greifende Erschütterungen, besonders als sich herausstellte, dass ich Brustkrebs hatte. Plötzlich standen wir zum ersten Mal bewusst vor der Frage: Was ist, wenn wir uns nicht mehr haben? Unsere Gespräche auf den langen Krankenhausfluren bekamen noch eine tiefere Dimension als bisher, ebenso der erste gemeinsame Urlaub nach der OP. Nie zuvor haben wir offener miteinander gesprochen, intensiver miteinander gebetet. Das liegt nun 17 Jahre zurück.

**Peter:** Ob unsere Gespräche und Gebete diese Tiefe behielten? Nein, nicht ganz. Wir erleben, dass die Dankbarkeit für ein neu geschenktes Leben (so haben wir es damals empfunden) sich verflüchtigen kann. Vielleicht geht das auch gar nicht anders. Wir können unsere emotionale Zusammengehörigkeit nicht immer auf dem höchsten Level halten. Sind wir darauf fixiert, verführen wir uns zur Unehrlichkeit. Treue wird nach unserer Erkenntnis nicht nur von emotionaler Ergriffenheit gespeist. Sie benötigt vor allem eine vor Gott getroffene Willensentscheidung füreinander – in guten wie auch in schweren Tagen.

**Edelgard:** Inzwischen sind wir ein altes Ehepaar, jedenfalls haben wir früher Paare in unserem Alter so genannt. Es gefällt mir, wenn unsere Enkel begeistert »Opa« und »Oma« rufen, ja, ich genieße es geradezu. Nach früheren Lebensphasen zurückgesehnt haben wir uns bisher nie. Und nach wie vor lieben wir uns und betrachten es als Geschenk, dass das so ist. Auch wir fragen manchmal, vor allem, wenn Ehen von Freunden scheitern, worin das Geheimnis liegt, dass wir immer noch zusammen sind. Was es auch sein mag, wir haben es nicht in der Hand, auch unsere Ehe hätte scheitern können, und noch sind wir nicht am Ziel.

**Peter:** Ob es jemals Situationen gegeben hat, wo wir mit dem Gedanken spielten, auseinander zu gehen? Es gab Krisen, z. B. als ich eines Morgens auf meinem Schreibtisch einen Brief von Edelgard fand. Sie hatte ihn während der Nacht geschrieben und ihren Zeilen eine wunderschöne Spruchkarte beigefügt. Darauf stand: »Wir teilen so viel durch all die Jahre. Wie bin ich glücklich, jemand zu haben wie dich.« Es war ein sehr ernster Brief, er hat mich damals sehr beschäftigt, es sind persönliche Zeilen, sie sind nicht für die Öffentlichkeit bestimmt. Trotzdem haben wir uns entschieden, darüber zu schreiben und einige Sätze zu zitieren. Edelgard schrieb, wie schwer es ihr in diesen Tagen falle, über ihre Gedanken und Gefühle zu sprechen. Dies setze eine Vertrautheit und Nähe voraus, die es zwischen ihr und mir nicht mehr gebe. Und weiter wörtlich: »Es liegt wohl daran, dass jeder ein Stück sein eigenes Leben lebt und wir uns kaum noch Zeit für Gemeinsames nehmen. Meistens geht es doch um deine Arbeit und was dich da beschäftigt und bei mir um den Bundes-Verlag (dort arbeitete Edelgard stundenweise) ... Dass du viel unterwegs bist, auch längere Zeit, ist kein Problem für mich. Aber dass du nur deine Arbeit siehst und auch möglichst nicht gestört werden willst und ich das Gefühl habe, dass eine Mauer zwischen uns liegt, das macht mir Kummer.« Ich hatte mir angewöhnt, sehr spät ins Bett zu kommen, und wenn ich dann schließlich kam, brachte ich oft noch Arbeitspapiere mit. Auch der vorhergehende Urlaub, der normalerweise für uns einen hohen Stellenwert besaß, hatte wenig gebracht. Ich hatte ihn benutzt, um ein Buch fertig zu stellen. Edelgard hatte die Spruchkarte im Verlag entdeckt und schrieb resigniert am Schluss ihres Briefes: »Ich fand sie so schön und wollte sie dir im Urlaub schenken. Aber dann brachte ich es nicht fertig, weil ich unsere Beziehung auch dort ziemlich schwierig fand. Heute möchte ich sie dir schenken, auch wenn ich sehr traurig bin.« Dieser Brief ging mir unter die Haut, führte zum Gespräch, bewirkte Veränderung, aber – ehrlicherweise sei es gesagt – wiederum nicht so tiefgehend, wie wir es uns wünschten.

**Edelgard:** Es bleibt dabei: Wir sind noch zusammen, aber dass das so ist, ist wirklich allein Gottes Gnade! Es mag üblich sein, das zu schreiben, aber es ist die Wahrheit. Da führte Gott vor 45 Jahren zwei so verschiedene Menschen zusammen, die sich vorher nie begegnet sind, zündet in ihnen Liebe zueinander an, gibt ihnen die Ausdauer, 6 Jahre aufeinander zu warten, beruft sie in seinen Dienst, den sie während der letzten 33 Jahren oft nicht miteinander teilen konnten, vertraut ihnen Kinder und Enkel an und bewahrt trotz aller Hochs und Tiefs ihre Liebe zueinander. Was für ein Geschenk!

## Strauch

**Edelgard** und **Peter**, aufgewachsen in Halver und Wuppertal, heute 65 und 63 Jahre alt, Hochzeit am 31.03.67, 2 Kinder und 3 Enkel.
**Edelgard:** Ausbildung zur Industriekauffrau, seit 1991 Teilzeitmitarbeit im Bundes-Verlag.
**Peter:** Studium am Theologischen Seminar Ewersbach, 1966-1973 Gemeindepastor in Hamburg-Sasel, 1973-1983 Leiter der Bundesjugendarbeit, 1983-1991 Bundessekretär für Gemeinden und Pastoren, seit 1991 Präses des Bundes Freier evangelischer Gemeinden.

# Treue vor und in der Ehe

Marion und Keith
Warrington

## Unsere Vergangenheit und unsere Überzeugung

**Keith:** Wir behandeln dieses Thema »Treue« im Kontext unserer heutigen westlichen Gesellschaft. Viele Ehen brechen auseinander und lang anhaltende Treue wird als eine Ausnahme bis hin zu einem exotischen Ereignis angesehen. Dies ist aber ein Ausnahmezustand. Früher hat die große Mehrzahl Treue gelebt und gehalten. Und das ist nicht lange her. Anhand unserer eigenen Biografie können wir dies kurz dokumentieren.

Wir wuchsen in Neuseeland in den 50er und 60er Jahren auf. Die Generation unserer Eltern hatte unter dem 2. Weltkrieg gelitten. Danach heirateten Männer und Frauen mit einer hohen Wertschätzung der Familie und des Zuhauses, was zum Zentrum ihres Lebens wurde.

Christliche Grundwerte waren die Basis, Ehe war die einzig akzeptierte Form des Zusammenlebens und Geschlechtsverkehr war der Ehe vorbehalten. Scheidung war eine Ausnahme und eher mit einem Schamgefühl belegt. Unter all unseren Verwandten und Freunden, die Schulfreunde eingeschlossen, begegnete ich nur zwei Fällen von Scheidung. Von diesem Hintergrund her hatten wir Vertrauen in die Ehe und verschwendeten keinen Gedanken daran, dass es etwas Besonderes ist, dass eine Ehe funktioniert: alle unsere Eltern und Vorbilder hatten eine funktionierende Ehe – auch wenn sie vielleicht Opfer bedeutete. Selbst in den Fällen, in denen offensichtlich war, dass die Ehe unglücklich war, blieben die Eltern um das Wohl der Kinder willen zusammen. Treue war die Normalität.

In den frühen 60er Jahren, als wir Teenager waren und hinterfragten, warum die Regeln für Sex so waren wie sie waren, bekamen wir keine konkreten Antworten. Es war einfach eine moralische Tradition. So begann eine Veränderung in unserer Generation, die diese Werte zusammen mit den Lebenszielen unserer Eltern zurückwies. Mitte der 60er Jahre kam die Hippie-Bewegung auf, gefolgt von der philosophischen und politischen Bewegung der 68er an den Universitäten. Hier ereignete sich der Bruch mit der traditionellen christlichen Kultur und die Zustimmung zu Relativismus und Humanismus stieg. Ein zentrales Kennzeichen dieser Entwicklung war die Hinwendung zu freiem Sex, der Schritt für Schritt die alten Beziehungsmuster ablöste.

Die meisten unserer Generation heirateten und im Kreis unserer Freunde – die meisten Christen, einige Nichtchristen – beträgt die Scheidungsrate etwa 50 %.

1991 nahm ich bei einem Besuch in Neuseeland an einem Klassentreffen teil. Es war faszinierend und bewegend, alte Schulfreunde in manchen Fällen nach 30 Jahren zum ersten Mal wiederzusehen. Fast alle waren geschieden, erneut verheiratet oder lebten in einer anderen Form der Partnerschaft. Heute ist es in Neuseeland (wie in Deutschland auch) normal, Lebensabschnittsgefährten zu haben, weniger als 50 % der jungen Generation heiraten überhaupt noch. Sex ist frei. Die Idee, dass Sex der Ehe vorbehalten ist, wird kaum mehr gehört und entlockt nur ein ungläubiges Staunen.

*Es hat eine unglaublich große Veränderung zwischen 1960 und 2006 stattgefunden – 46 Jahre, 2 Generationen!*

Wir haben diesen Wechsel durchlebt, die meiste Zeit davon in einem Land am anderen Ende der Welt – in Deutschland – verbracht. Natürlich geschah die gleiche Veränderung hier in Deutschland auch. Diese Entwicklung tut uns weh, wenn wir innehalten und darüber nachdenken. Die biblischen Grundlagen zu verlassen, ist eine Tragödie und führt zu einem Verlust der nationalen und kulturellen Stärke und zu Gottes Gericht.

In unseren frühen Teenagerjahren, als wir gerade darüber nachdachten, mit den moralischen Grundsätzen unserer Eltern zu brechen, wurden wir mit Jesus konfrontiert. Dies war ein grundlegendes Ereignis, mit dem Resultat, dass Jesus der Herr unseres Lebens wurde. Wir entdeckten seine Lehre und die der gesamten Bibel und fanden so zu unseren moralischen Grundwerten. Hier war die von Gott gegebene Basis, die unsere Generation nicht hatte und unsere Eltern verloren hatten. *Sie waren die letzte Generation gewesen, die in Erinnerung von christlichen Grundwerten gelebt hatten, ohne eine konkrete Basis dafür zu haben.*

Die Bibel lehrt, dass die Ehe die von Gott gegebene und einzige Form des Zusammenlebens von Mann und Frau ist. Das brachte uns in direkte Konfrontation mit den Gleichaltrigen an Schule und Universität, wo die Samstagabendpartys lange waren und das Gesellschaftsspiel Sex hieß. Wir kämpften damit auf intellektueller, emotionaler und sozialer Ebene. Als Christ bemühte ich mich, sexuell rein zu bleiben. In den Pausen am Montagmorgen kursierten die tollen Geschichten über die heißen Samstagabendpartys, so dass ich mich oft fragte: »Irgendjemand hier ist der Narr – bin ich es oder sind sie es?« – 40 Jahre später ist es einfacher, diese Frage zu beantworten. Zu der Zeit damals musste ich viel auf Vertrauensvorschuss hinnehmen.

Einige Jahre später bekamen wir eine gute Hilfe, um zu verstehen, warum Gottes Regeln so sind, wie sie sind und es machte uns sicher und stolz bezüglich seiner Werte und Weisungen. Wir lösten uns aus unserer Verteidigungshaltung, heute leben wir Gottes Plan mit Zuversicht und versuchen, die deutsche Gesellschaft davon zu überzeugen, warum sie es genauso machen soll.

*Diese theologische und intellektuelle Überzeugung zusammen mit einem Verständnis von Ehrfurcht vor Gott sind die Grundlagen für unsere Beziehung und unsere Treue zueinander.*

### • Treue vor der Ehe

**Keith:** Als wir begriffen hatten, was Gottes Gründe und Absichten für die Ehe waren, begannen wir, uns als Singles für die Ehe vorzubereiten. Heute wissen wir, wie wichtig das war und welche Frucht wir dafür ernten. Während unserer Schul- und Universitätszeit, im Beruf und auf Reisen hatten wir beide zahlreiche Gelegenheiten für Seitensprünge und kurze Beziehungen. Wir arbeiteten beide daran, diesen Gelegenheiten zu widerstehen, um uns selbst für Gott und für unseren zukünftigen Ehepartner rein zu halten.

Der Schlüssel für mich war, meine Gedanken zu disziplinieren und sexuelle Fantasien im Keim zu ersticken. Ich entwickelte Disziplinen damals, die ich heute als Ehemann noch anwenden muss. Von Zeit zu Zeit suche ich seelsorgerliche Hilfe und teile mich vertrauenswürdigen Personen mit. Ich meide Flirts, erotische Literatur, TV-Filme und Fotos sowie Situationen, die mich in Bedrängnis bringen könnten. Manchmal konnte ich direkten sexuellen Angeboten nicht ausweichen, so musste ich mich dafür entscheiden, wegzugehen.

Ich ging damals mit jungen Frauen aus, versuchte ein unbeschwertes Verhältnis aufzubauen und alles richtig zu machen. Doch dann entschied ich mich, solche Treffen zu begrenzen, da es sich schnell in Richtung verbindliche, romantische Freundschaft entwickelte.

Marion und ich richteten uns beide als Ledige aus, Gottes Berufung für unser Leben zu suchen. Wir erwarteten, dass er uns auf dem Weg den richtigen Ehepartner zeigen würde und hoben uns für den zukünftigen Ehepartner auf. Und so kam es dann auch.

Auf der Basis von Verliebtsein, Gottes Führung und der Bestärkung durch Freunde verlobten wir uns. Während unserer Verlobungszeit trafen wir einige grundlegende Entscheidungen – nachdem wir uns gegenseitig in unserer Schwachheit und in den schlimmsten Momenten erlebt hatten. Das half uns dabei, unsere Beziehung und den anderen Partner realistisch zu sehen, wie er ist und nicht nur auf Romantik und Gefühle zu bauen.

Diese Grundlage ist einer der Hauptgründe, warum unsere Ehe seit 34 Jahren besteht. Treue in der Ehe basiert auf Treue vor der Ehe. Auf dieser Basis haben wir einige Dinge entwickelt, die unsere Beziehung echt, romantisch und wachsend macht.

- **Treue in der Ehe**

**Marion:** Natürlich bringen wir Verhaltensmuster aus der Ehe unserer Eltern in unsere eigene Ehe hinein. Wir werden für die Ehe von unseren Eltern trainiert – gut oder schlecht, ob wir wollen oder nicht.

Was mir im ersten Jahr unserer Ehe besonders auffiel: Zu meiner eigenen Überraschung reagierte ich äußerst kritisch gegenüber Keith, vor allem wenn er in der Öffentlichkeit sprach. Ich war oft enttäuscht und kam unter enormen Druck, weil ich dachte, dass er es nicht besonders gut machte! Ich bat eine vertrauenswürdige Freundin (Single!) um Hilfe, die mir bei der Erkenntnis half, wie stark ich von meiner Mutter und deren Beziehung zu meinem Vater geprägt war. Diese Freundin hat für mich gebetet und ich war danach wirklich befreit, um neue Gewohnheiten einzuüben.

Es war uns wichtig, die Vergangenheit aufzuarbeiten – wo nötig mit einem vertrauenswürdigen Seelsorger. Die Wurzeln des Ehe-Baums machen die Gesundheit und Früchte einer Ehe aus! Klären Sie alle Bereiche mit schlechten Kompromissen, Sünde, Fehlern und Verletzungen und arbeiten Sie es auf!

Es ist nie zu spät. Manchmal müssen wir von Dingen, die uns über Generationen hinweg belasten, regelrecht »freigebetet« werden.

Dann können wir all dies vor Jesus bringen, damit er uns hilft, auf diese neue Art zu leben.

Wir entdeckten, dass einige der Wurzeln des »Ehebaums«, die dauerhafte Treue und Liebe hervorbringen, folgende sind:

- **1. Sprechen Sie über Verletzungen am selben Tag: »Lasst die Sonne nicht über eurem Zorn untergehen« (Epheser 4,26).**

**Marion:** Eines der ersten Dinge, die wir lernen mussten, war, dass wir Ärger, Verletzungen und Missverständnisse nicht anwachsen lassen durften. Dies zu lernen benötigte Zeit, da ich dies in meiner Herkunftsfamilie nicht gelernt hatte. So versuchten wir, offen zueinander zu sein und über Konflikte so früh wie möglich zu sprechen. Der späteste Zeitpunkt ist abends im Bett.

So ist es auch heute nach vielen Jahren noch: Wenn Dinge zwischen uns stehen und wir uns am Ende des Tages nicht entspannt begegnen können, so müssen wir uns fragen, was wir getan haben. Das ist manchmal ganz schön hart, besonders wenn einer von uns – oder beide – den Ärger den ganzen Tag hat anwachsen lassen. Manchmal sprengt es alle Dimensionen. Dann sprechen wir das Thema nur kurz an und beschließen gemeinsam, die Diskussion am nächsten Tag fortzusetzen. Wenn ich die Sonne allerdings über meinem Zorn untergehen lasse, nicht darüber rede, bevor ich schlafen gehe, dann wache ich am nächsten Tag mit Kopfschmerzen auf – und das ist die Sache nicht wert!

- **2. Bitten Sie um Vergebung und entscheiden Sie sich selbst zu vergeben – wenn möglich so früh wie nötig. So lernen Sie Demut und vermeiden Schuld.**

**Keith:** Ein Beispiel: Eines Tages saßen wir mit unseren Kindern beim Mittagessen und unterhielten uns. An einem Punkt des Gesprächs sprach ich unnötig scharf mit Marion. Sie war betroffen und einer unserer Söhne reagierte sofort eindringlich: »Papa, du hast sie verletzt!« Er hatte mehr als Recht. Im selben Moment, als mein Sohn das sagte, erkannte ich, dass ich entweder meinen Stolz behalten konnte oder mich vor allen demütigen und mich für das, was ich getan hatte, entschuldigen. Ich stand auf, ging zu Marions Platz und bat sie um Verzeihung und hielt sie in meinen Armen. Es war eine Erleichterung – aber nicht nur das. Ich hatte nicht nur das Problem gelöst, sondern unseren Kindern gleichzeitig gezeigt, wie Vergebung praktiziert wird. Dazu noch verstärkte es das Vertrauen der Kinder in mich.

Etwas, das mit dem oben Erwähnten eng verknüpft ist: Behandeln Sie sich gegenseitig und sprechen Sie miteinander respektvoll. Wir sollten einen hohen Standard im Umgang miteinander haben. Wir können uns den Luxus schlicht nicht erlauben, privat oder öffentlich respektlos mit unserem Partner umzugehen. Das entzieht uns den Boden unter unseren Füßen und schwächt unsere Beziehung zueinander.

- **3. Nehmen Sie sich Zeit, miteinander zu reden! Das ist grundlegend und lebensnotwendig. Kommunikation ist die eine Sache, Romantik eine andere.**

**Keith:** Wir versuchen, Zeit einzuplanen, um den anderen zu erfreuen und schöne Dinge gemeinsam zu machen. Romantik ist wie das Sahnehäubchen auf der Freundschaft. Dafür sind unsere freien Tage enorm wichtig.

Von Zeit zu Zeit gehen wir zu unserem Lieblings-Chinarestaurant. Nehmen Sie sich Zeit für Freundschaft und Romantik. Ich sehe es als meine Aufgabe als Mann an, solche Gelegenheiten zu schaffen. Manchmal muss mich Marion allerdings daran erinnern.

**Marion:** Ich erinnere mich an einen Abend in Frankfurt/M. Keith kam von der Arbeit nach Hause und fand mich erschöpft und abgehetzt vor. Ich brauchte ein paar Stunden Entspannung und einen Tapetenwechsel. Keith fand schnell einen Babysitter, wir gingen an einen Ort, wo es Livemusik und etwas zu essen gab. Wir waren einfach ein Weilchen zusammen und konnten reden. Es war zutiefst erfrischend!

Der Ehepartner ist wichtiger als die Kinder. Führen Sie keine »kinderzentrierte« Ehe. Der größte Segen für Kinder ist es, wenn ihre Eltern sich sehr lieben und die Kinder das sehen und spüren.

4.

### • 4. Seien Sie offen zueinander bezüglich Versuchungen oder schwierigen Situationen – Transparenz und Ehrlichkeit!

**Keith:** So wie ich es vor der Ehe eingeübt habe, versuche ich es auch jetzt zu machen. Ich rede mit Marion oder jemand anderen darüber. Wir müssen uns selbst ermahnen, der Versuchung nicht nachzugeben. Sie wird kommen, aber wir müssen sie im Keim ersticken und dürfen uns keinen Flirt oder Ähnliches erlauben. Ehrfurcht vor Gott – das lieben, was Gott liebt; das hassen, was Gott hasst bzw. uns sofort davon abwenden.

### • 5. Für den Tag beten.

5.

Wir müssen als Einzelne unsere Verantwortung für unsere Beziehung zu Gott übernehmen. Aber auch gemeinsam sollten wir eine Gebetskultur entwickeln. Das ist der Zement bzw. der Klebstoff, der uns zusammenhält. In dieser Beziehung haben wir eine jahrelange, bewährte Tradition. Wir nennen sie »Praying over the day« – für den Tag beten.

Wir sprachen beim Frühstück darüber, was an diesem Tag alles anstand. Dann nahmen wir uns ein paar Minuten Zeit, bevor die Kinder zur Schule mussten, und haben für den Tag gebetet. Wir legten alles bewusst Gott hin und riefen seinen Segen und Schutz über uns

und alles, was wir besaßen, aus. Das war vorausschauend: Wir übten über unseren Feind, der uns und unsere Familie zerstören möchte, Autorität aus und widerstanden ihm.
Jetzt sind unsere Kinder nicht mehr zu Hause, aber wir beten trotzdem noch »over the day« – meist zu zweit, aber manchmal auch mit Gästen, die uns besuchen.

## Warrington

**Marion** (59) und **Keith** (58), gebürtige Neuseeländer, seit 34 Jahren in Deutschland, leitende Mitarbeiter bei der weltweiten internationalen missionarischen Bewegung Jugend mit einer Mission; vier erwachsene Kinder (29, 27, 25, 23 Jahre alt). Beide sind ausgebildete Lehrer.

# Ich würde Bärbel noch tausendmal heiraten

Bärbel und Hanspeter
**Wolfsberger**

## Ehe-Rezepte

Als der Schuster-Jakob aus Nürtingen seinen 100. Geburtstag beging, stellte sich auch die Reporterin der Lokalzeitung ein. Sie fragte ihn: »Wie haben Sie es geschafft, Herr Schuster, dass Sie hundert Jahre alt geworden sind?« – »Ja«, sagte Jakob, »das hängt zusammen mit unserem Hochzeitstag. Bevor wir damals zusammen in die Kirche gegangen sind, habe ich zu meiner Babette gesagt: ›Weißt du, eine Ehe kennt nicht nur sonnige Tage. Da gibt es manchmal auch dicke Luft. Ich meine, wir sollten uns dann nicht zerstreiten, sondern dann machen wir es so: Wenn zwischen uns ein Unwetter aufzieht, dann geht immer einer von uns an die frische Luft.‹ Und sehen Sie«, sagte Jakob zur Reporterin, »so bin ich zeitlebens viel an der frischen Luft gewesen und deshalb bin ich hundert geworden.«

Ehe-Rezepte gibt es manche. Die unterschiedlichsten Leute, selbst ein Karl Marx, haben sich darum bemüht, gute Tipps und Ratschläge festzuhalten, mit denen ein solch gewagtes Unternehmen wie eine Ehe gelingen kann. Denn ein Wagnis ist es und wie sollte es auch anders sein? Da treffen sich eines Tages zwei Menschen aus unterschiedlichen Elternhäusern, mit unterschiedlichen Prägungen, genetisch verschieden, mit Gewohnheiten, die sich jahrelang unabhängig vom anderen entwickelt haben. Menschen mit einer je eigenen Lebensgeschichte, mit eigenen Verletzungen und Folgerungen daraus – und dann stehen sie eines Tages vor dem Altar und wollen zueinander sagen: »Nur du!« Kann das gut gehen? Woher nehmen solche Menschen eigentlich den Mut und die Hoffnung, dass es zwischen ihnen doch »klappen« wird, obwohl heute nahezu jede zweite Ehe in Deutschland geschieden wird und viele weitere geschädigt wirken?

Wenn ich als Gemeindepfarrer vor einer kirchlichen Trauung mit dem Brautpaar spreche, dann frage ich manchmal: »Kennen Sie wenigstens drei Ehen, die so gut sind, dass sie Ihnen Vorbild sein könnten?« Viele wissen keine einzige zu nennen. Was kann da werden? Was wird, wenn keine gesunde Anschauung mehr lebt, kein schönes Bild, auf das hin sich jemand entwickeln kann – bei allen Brüchen und Abstürzen, die jemand unterwegs auch erfährt?

Es gibt die Meinung, dass unser Volk in den letzten hundert Jahren auf keinem anderen Gebiet derart nachhaltig verändert wurde wie auf diesem: Die Ehe, die Familie, ist tief beschädigt. Meine Frau sagt manchmal: »Es wächst eine Generation heran, die keine Großmütter mehr hat, die für die Enkel beten können.« Das ist das eine. Es wächst auch eine Generation heran, die in großen Teilen nicht mehr weiß, wie »Ehe geht«. Und das ist nicht minder folgenreich.

## • Wie kann Ehe gelingen?

Bevor ich etwas davon schreibe, was uns einleuchtet, noch ein Wort des Erbarmens: Ich stamme selbst aus einer Familie, in welcher der häusliche Friede Seltenheitswert hatte. Eines Tages war ich »unterwegs« und wurde dadurch zum Anlass einer Ehescheidung und eines neuen Ehe-Schlusses. Unendlicher Schmerz war damit verbunden für etliche Menschen. Fünf Halbgeschwister verloren ein Elternteil und die Not-Ehe meiner Eltern war von Anfang an belastet. Was es für eine Kinderseele bedeutet, wenn Vater und Mutter einander nicht gut sind, davon kann ich etwas erzählen. Welche Verzweiflungen sich in einem Kindergemüt abspielen können, wenn die zwei wichtigsten Menschen einander bekriegen – ich weiß davon. Ich habe dadurch ein Verständnis gewonnen für schwierige Paarbeziehungen. Es kann so schwer sein zwischen zwei Menschen. Dagegen ist eine Beziehung, die nicht nur aus Liebe begonnen wird, sondern in welcher Liebe bleibt – so selten.

Und da stehe ich als Pfarrer vor ernsten Fragen: Was mache ich da eigentlich, wenn ich Menschen zusammen-spreche vor dem Altar? Ihnen sogar ein Eheversprechen abnehme und sie vor Gott und vor

Menschen verantwortlich mache, »einander treu zu sein bis der Tod euch scheide«? Bei all den Unwägbarkeiten, die ein Leben heute hat? In einer Wahlgesellschaft, in welcher sich niemand mehr auf Dauer festlegen muss, sondern alles wechseln kann, da frage ich nach Beständigkeit bis an die Kante der Lebenszeit? Wer bin ich? Für jedes Mofa muss man heute einen Führerschein machen, aber wo wird jemand eigentlich auf eine Ehe vorbereitet? Da gibt es keinen Führerschein, dafür muss man anscheinend nichts lernen und können. Ehe kann ja jeder – wer bin ich, dass ich da Ganzheit und Unverbrüchlichkeit erwarte? Aus welcher Kraft eigentlich soll das geschehen? Von weiteren gängigen Einflüssen ganz abgesehen: Wann hat es je eine Zeit gegeben, in der Menschen sich sexuell derart verdeckt stimulieren konnten wie im Internetzeitalter? Wann gab es weniger Vorbilder für eine richtig schöne Familie – wie heute? Vor 100 Jahren lag die Scheidungsrate in Deutschland bei 0,1 Prozent. Da war auch nicht alles Gold, das wissen wir. Aber es gab doch eine fast allgemein bejahte Anschauung dafür, dass wenn Ehe – dann für immer. Dann steht man Schwierigkeiten eben miteinander durch. Dann steht man aus Nöten in einer Beziehung eben wieder auf, aber man bleibt auf jeden Fall beieinander. – Hier hat sich viel verändert, sehr viel. Die gelben Karten in den Ehen sitzen heute locker. Und nach Gelb kommt Rot, wie wir wissen ...

Zu uns, meiner Frau Bärbel (55 J.) und mir, Hanspeter (57 J.). Wir sind seit stark 33 Jahren verheiratet und wir haben 9 Kinder. Und um es gleich in der Summe zu erzählen, was ich schon so oft gesagt habe: Sollte es je eine Reinkarnation geben (keine Bange, ich glaube als Christ nicht an diese Vorstellung), so habe ich zwei Bestellungen schon mal aufgegeben: Ich, Hanspeter, möchte dann gerne noch einmal Pfarrer werden und ich möchte meine Frau noch einmal heiraten. Letzteres vor allem!

Wie ich dazu komme, so etwas zu schreiben? Nun, es könnte tatsächlich anders sein. Wir stammen aus unterschiedlichem Milieu – sie aus einer Weingärtnersfamilie mit zwei Geschwistern, ich aus einem Handwerkerhaus (Vater Buchdrucker) und Einzelkind. Bärbel hat viel Sonne erlebt, ist in einem unkomplizierten Vertrauen zu Menschen und zu Gott aufgewachsen. Ich dagegen hörte den Satz: »Wer zweimal im Jahr in die Kirche geht, ist fanatisch.« Als ich zehn Jahre alt war, starb mein Vater, die Mutter musste am Fließband arbeiten. Ich aß jahrelang aus der Ofenröhre und es war ab dem zehnten Lebensjahr selbstverständlich, dass die Schulferien zum Geldverdienen da waren. Bärbel hat das Zutrauen zum Leben gelernt, sie konnte Gaben entwickeln und eine schöne Persönlichkeit werden voller Gelassenheit und ohne Misstrauen. Ich dagegen musste eher gegen Abstürze kämpfen, Überlebensstrategien finden, Misserfolge in der Schule kompensieren lernen durch Erfolgserlebnisse im Sport und in Beziehungen und ich musste mich mühsam frei strampeln von hemmenden Stimmen. Wenn ich zurückdenke, vor allem an die Zeit zwischen dem 10. und 18. Lebensjahr, dann erscheint es mir viel wahrscheinlicher, dass solch ein Leben gegen die Wand läuft, als dass es gelingt.

Was sollte aber nun werden, wenn wir beide, Bärbel und ich, einander begegnen? Würde unsere Entwicklung aufeinander zu gehen oder würden sich unsere Persönlichkeiten bald überkreuzen und die Beziehung sich scherenartig entwickeln?

Als wir einander kennen lernten, war ich zwanzig Jahre alt und sie 18 Jahre. Als wir uns verliebten, waren wir ein Jahr älter. Weitere zwei Jahre später waren wir verlobt, richteten unsere erste Wohnung ein, lebten aber noch getrennt. Als wir noch mal zwei Jahre später heirateten, da hat es aber schon ein wenig »pressiert«, wie unsere Kinder schmunzelnd erwähnen – mit Hinweis auf das nicht ganz »stimmige« Traudatum und den Geburtstag unseres ersten Kindes ... War dieser Start ein neues, weiteres Handicap für unsere Ehe, zuzüglich zu allem anderen?

Nein, war es nicht. Wir sehen ohne Beschönigung unseren Weg durch die Jahrzehnte und wir nehmen den Mund in keiner Weise voll, was das Gelingen dieser Wegstrecke anbelangt. Wir kommen uns bis heute eher unwissend vor, sowohl was »richtiges Eheverhalten« anbelangt als auch, was Erziehung angeht. Aber ein paar Dinge haben wir doch gelernt – und diese haben tragende Wirkung gezeigt. Ich will es beschreiben mit ein paar Sätzen aus der kirchlichen Trau-Liturgie.

Wenn ich ein Brautpaar in der Kirche traue, dann frage ich die beiden im Eheversprechen Folgendes:

*»Wollt ihr nach Gottes Gebot und Verheißung leben?«* – Gott in unserer Ehe, unser Glaube an Vater, Sohn und Heiligen Geist, das ist für Bärbel und mich tatsächlich der oberste Faden, an dem das Mobile hängt. Ich bin spät Christ geworden, aber ich möchte nie mehr ohne Glauben sein müssen. Wir haben beide gelernt: Das Leben,

auch das christliche Leben, verläuft nicht in geraden Bahnen, sondern da sind Schleuderbewegungen, Einbrüche, Umbrüche und Abbrüche. Aber dass wir den Satz sagen können, jeder für sich und gemeinsam: »Ich bin des höchsten Herren Eigentum, sein geliebtes Geschöpf und Kind, von unendlichem Wert und für die Ewigkeit bestimmt.« – das gibt unserem ganzen Leben das entscheidende Vorzeichen. Doch, bei allem Vorläufigen und Gebrochenen, wir wollen nicht mehr von Gott weg. Sonst haben wir schnell nichts mehr.

*»Wollt ihr einander als Gabe Gottes ehren und lieben?«* – Diesen Satz halte ich für unendlich kostbar. Wenn ich meine Frau als »Gabe Gottes« sehen kann, als Original aus seiner Hand, dann ist sie unersetzbar, unaustauschbar, unbezahlbar, einmalig, ein Unikat in der gesamten Schöpfung. Und wenn ich sie so sehen kann – dann kann sie eigentlich nur gedeihen. Ich umgekehrt auch. Meine berufliche, meine psychische, meine ganze Lebenskraft hängt zusammen mit dem Maß an Achtung und Bewunderung, das ich von meiner Frau bekomme. In ihrem Ansehen zu stehen, verleiht mir Flügel. Ohne dies leben zu müssen, das würde mich auf 60 % reduzieren, in allem. – Als junger Mensch hatte ich ein paar Freundschaften mit Mädchen. Kurze Sachen und verglichen mit vielen heute gängigen Jugendbeziehungen äußerst harmlos. Dennoch stellte ich nach einiger Zeit so etwas wie ein Muster fest. Wann begann eine Freundschaft zu einem Mädchen auseinander zu gehen? Antwort: Wenn ich anfing, etwas an ihr auszusetzen: an ihrem Äußeren, an ihrem Verhalten, an ihren Gewohnheiten. Das heißt: Wenn nach und nach Achtung und Bewunderung abnahmen. Das hat mich zu einem Beschluss gebracht. Seitdem ich mit Bärbel zusammen bin, bitte ich meinen Gott: »Erhalte mir die Achtung und die Bewunderung für meine Frau. So, dass ich immer wahrhaftig (!!) sagen kann: Sie ist einfach Klasse!« Und ich stelle fest: Das mit dem Liebhaben folgt daraus, unweigerlich. Seit fast 37 Jahren sind wir zusammen und ich behalte immer stärker den Einruck: Auf dieses Gebet hört der Vater im Himmel ausgesprochen gern.

Schließlich das mit der Treue: *»Wollt ihr einander treu bleiben bis der Tod euch scheidet, so antwortet: Ja, und Gott helfe uns.«* So frage ich die Brautpaare am Hochzeitstag. Und bin dabei meiner evangelischen Kirche sehr dankbar, dass sie die Menschen nicht auf die Kraft ihres Willens fixiert – sondern auf die Hilfe Gottes. Wer wäre ich denn auch, als Mensch in heutiger Zeit, wenn ich sagen wollte: »Ja, klar, Treue – kein Problem. Das machen wir!«? Nein, Treue kann zum großen Problem werden. Wenn ungestillte Sehnsucht einen Menschen wegreißt, Mann oder Frau. Wenn brach liegende Bedürfnisse ein Herz bodenlos machen, oder eben: Wenn jemand nicht mehr in der Achtung und Bewunderung seines Ehepartners lebt – dann ist vieles möglich. Auch Ehebruch. Keine Frage. Aber nach meiner Erfahrung hängt hier eines am anderen: Ein Mann geht meist nicht dann über den Zaun, weil eine attraktive fremde Frau auftaucht, sondern weil er nicht mehr in der Achtung und der Bewunderung seiner eigenen steht. Und umgekehrt: Jene Frau möchte ich sehen, die sich nicht genau nach dem sehnt, was das Eheversprechen sagt: Als einmalig und unersetzlich angesehen zu werden, als des Himmels schöne Handarbeit, als Gabe Gottes. Darum ist jede Bemühung gut, genau dieses Gut, die gegenseitige Achtung und Bewunderung, nicht vor die Hunde gehen zu lassen.

So kommt es wohl, einen anderen Grund weiß ich nicht, dass ich ohne Einschränkung sagen kann: Ich würde Bärbel noch tausendmal heiraten. Und lese ich in ihren verschmitzten Augen nicht das Gleiche? »Doch«, sagt sie, ich solle *»doch«* schreiben.

## Wolfsberger

**Bärbel** (55 J.) und **Hanspeter** (57 J.), seit 33 Jahren verheiratet, 9 Kinder. HP Wolfsberger ist Gemeindepfarrer in Betberg-Seefelden.

## Anhang

### zu Domig

[1] Penner, C. und J., Meine Liebe schenk ich dir, ET, Kehl, 2001 (engl. 1993)

[2] Schindler, Kahlweg, Revenstorf, Partnerschaftsprobleme: Möglichkeiten zur Bewältigung, Springer, Berlin 1999

• • •

### Rechte zu Liedtexten Siebald

- »Immer wieder dieser Gang zu dir« (CD *VON WEGEN*), Text und Melodie: Manfred Siebald, © Hänssler Verlag, 71088 Holzgerlingen.

- »Zärtlich sind deine Hände« (CD *Alles auf seine Weise*), Text und Melodie: Manfred Siebald, © Hänssler Verlag, 71088 Holzgerlingen.

- »Jeder braucht Zeit« (CD *Du bist mein Rabe*), Text und Melodie: Manfred Siebald, © Hänssler Verlag, 71088 Holzgerlingen.

- »Mit federleichter Hand« (CD *Spuren*), Text und Melodie: Manfred Siebald, © Hänssler Verlag, 71088 Holzgerlingen.

- »Lass uns leise jubeln« (CD *Morgenmantelmorgen*), Text und Melodie: Manfred Siebald, © Edition Kreuzschnabel, noten@siebald.org.

Reinhold Ruthe
**Pfeffer und Salz**
Paperback, 120 S.
Nr. 394.466
ISBN (10) 3-7751-4466-8
ISBN (13) 978-3-7751-4466-7

Frauen und Männer – zwei verschiedene Planeten, die nichts gemeinsam haben?
Tatsache ist, dass Frauen und Männer verschieden sind – aber sie können sich wundervoll ergänzen!

Die Hälfte aller Paare weltweit hat schließlich bewiesen, dass sie konstruktive Umgangsmuster kennen, die Harmonie und Glück garantieren.

Der erfahrene Eheberater und Seelsorger Reinhold Ruthe zeigt in seinem neuen Buch, dass und wie
- einlenken statt ausrasten,
- reden statt schweigen,
- einrenken statt ausflippen,
- beten statt resignieren

gelingen kann!

Mit 2 Selbsterforschungsfragebögen im Innenteil!

*Bitte fragen Sie in Ihrer Buchhandlung nach diesem Buch!*
*Oder schreiben Sie an: Hänssler Verlag GmbH & Co. KG, 71087 Holzgerlingen.*